BAYERN MÜNCHEN 2002

DIE HIGHLIGHTS DER SAISON

COPRESS SPORT

INHALT

04.MAI
2002
DIE BUNDESLIGA
7
SCHOLL
9
ELBER
12
KOVAC
O2

DAS JAHR DES UMBRUCHS

Das war´s dann: Stefan Effenberg nach dem 2:2 gegen Werder Bremen. Spätestens da war dem scheidenden Kapitän klar: Er wird sich ohne einen weiteren Meistertitel aus München verabschieden.

ERSTMALS SEIT 1995 OHNE TITEL

Sie hatten den Marienplatz reserviert für Samstag, den 4. Mai. Sie hatten das Hotel in Glasgow schon gebucht, für Mittwoch, den 15. Mai. Fest im Visier also waren die Titelverteidigungen in Meisterschaft und Champions League, ja sogar von sechs möglichen Titeln träumte Trainer Ottmar Hitzfeld vor dieser Saison. Dem Jahr eins nach dem größten Triumph ihrer Geschichte seit 25 Jahren, dem Gewinn der Champions League.

Und wieder wollten sie alles – doch diesmal bekamen sie gar nichts. Die Saison 2001/2002, sie

wird in die Chronik des FC Bayern als das erste titellose Jahr seit 1995 eingehen. »Es war ein Jahr des Umbruchs«, bilanzierte Manager Uli Hoeneß. Und das in allen Bereichen.

DAS ENDE EINER ÄRA

In Madrid ging eine Ära zu Ende. Der FC Bayern verabschiedete sich im Halbfinale aus der Champions League – und Abschied von seinem letzten großen Titeltraum nahm da auch Stefan Effenberg. »Das war das Ende eines Abschieds«, sagte Hoeneß später, »und der Beginn einer neuen Ära«. Nach vier erfolgreichen Jahren verlässt der Cheffe den FC Bayern. »Wir brauchen eine neue Mannschaft«, hat Klubchef Franz Beckenbauer gesagt.

DIE UMWANDLUNG DES VEREINS

Dass dieses sportlich enttäuschende Jahr trotzdem als eines der erfolgreichsten in die Vereinsgeschichte eingehen wird, liegt an den Machern. Beckenbauer, Vize-Präsident Karl-Heinz Rummenigge und Manager Uli Hoeneß haben die Zukunft eingeläutet: In Sebastian Deisler und Michael Ballack die besten deutschen Spieler verpflichtet, den Profibetrieb aus dem Verein ausgegliedert und zur FC Bayern

AG umgewandelt, die Telekom als neuen Hauptsponsor gewonnen und die Allianz-Arena auf den Weg gebracht – das lässt auf Großes hoffen.

»WIR HOLEN DAS TRIPLE«

Kahn & Co. haben schon wieder neue Träume. Die Mannschaft weiß, was sie dem FC Bayern schuldig ist. Es gibt Leute, die sich nach Enttäuschungen in den Schmollwinkel zurückziehen. Und es gibt den FC Bayern. Allen voran Oliver Kahn. »Ja, es tut weh, die Jubelbilder aus Dortmund zu sehen«, sagt der Torwart am letzten Spieltag, als die Sequenzen der feiernden Borussen auch im Olympiastadion gezeigt werden. »Es ist ungewohnt, nicht auf dem Rathausbalkon zu stehen und die Schale entgegenzunehmen. Aber es ist schon erstaunlich, wie man urplötzlich wieder topmotiviert ist und heiß auf die nächste Saison. Ich kann mir gut vorstellen, dass wir in der nächsten Saison ganz klar Deutscher Meister werden.«

Und mehr noch, Kahn spricht sogar vom flotten Titel-Dreier: »Nächstes Jahr stehen wir vielleicht hier und fragen, wie wir es geschafft haben, das Triple zu holen. Wir haben dieses Jahr nur durchgeschnauft und werden nächste Saison wieder voll angreifen.«

»MEISTER DER HERZEN? DAS TUT WEH«

Müssen sie auch, wenn es nach Uli Hoeneß geht. Die Sprechchöre der Fans »Ihr seid Meister des Herzens« haben den Manager tief getroffen. »Das will ich nicht sein. Meister der Herzen ist meist der Verlierer, das will ich auf Dauer nicht sein, das tut mir weh, das ertrage ich nicht. Wenn jeder nur 15 Prozent besser spielt, werden wir nächstes Jahr mit großem Abstand Deutscher Meister.«

Die Meisterschale, nur eine Leihgabe an die Dortmunder Borussia? »Ein Jahr kann man das mal aushalten«, sagt auch der neue Vorstandsvorsitzende Karl-Heinz Rummenigge, »aber eben nur ein Jahr. Ich bin mir vollkommen sicher, wir werden den Titel wieder nach München holen.« Na dann… auf ein Neues.

»Nächstes Jahr stehen wir vielleicht hier und fragen, wie wir es geschafft haben, das Triple zu holen. Wir haben dieses Jahr nur durchgeschnauft und werden nächste Saison wieder voll angreifen.«
Oliver Kahn

Der Kahntastische: Torwart Oliver Kahn verspricht den Fans drei Titel für die nächste Saison.

KICK

»WIR SIND DIE BESTEN«

Sammy Kuffour trifft gegen Boca Juniors in der Verlängerung und der FC Bayern ist zum zweiten Mal nach 25 Jahren wieder Weltpokal-Sieger.

BAYERN BEZWINGEN IM WELTPOKALFINALE BOCA JUNIORS 1:0

Das Spiel ist kaum der Rede wert. Abgesehen von dem lichten Moment, den Kuffour in der 20. Minute der Verlängerung zum 1:0-Siegtor nutzt. Um 13.47 Uhr (MEZ) stimmen die Bayern dann die große Jubel-Arie in Tokios Olympiastadion an: Sie dürfen sich nach 25 Jahren zum zweiten Mal mit dem Titel Weltpokalsieger schmücken.

Und während Riquelme, der zuvor so hochgelobte neue Superstar der Boca Juniors, parterre gegangen ist und tränenreich vor sich hinwimmert, sammeln sich die Münchner zum historischen Mannschaftsfoto. Kapitän Oliver Kahn schwenkte den Cup und schrie: »Wir sind die Besten der Welt!« Das Niveau dieser Begegnung entspricht bei weitem nicht dem Rummel, der davor veranstaltet worden ist. Die Argentinier sind spätestens nach der gelb-roten Karte für den verhinderten Elferschinder Delgado (45.) nur mehr am Toreverhindern interessiert, provozieren immer wieder Spielunterbrechungen. Riquelme erschöpft sich in sturen Dribblings. Am Ende gehen die Bayern, die wahrlich nicht ihren besten Tag erwischten, nach drei vergebenen Chancen in der Verlängerung – Pizarro (91.) und zweimal Jancker (98. und 101.) – als verdiente Sieger vom Platz.

KUSSHÄNDCHEN VON KUFFOUR

»Ich bin sehr glücklich«, sagt Trainer Ottmar Hitzfeld ins ZDF-Mikrofon, »dass es kein Elfmeter-

»Schwalbenjäger« Oliver Kahn: Marcelo Delgado hatte sich im Strafraum fallen lassen und muss neben Kahns Zorn auch noch die Gelbe Karte von Schiri Nielsen über sich ergehen lassen.

schießen gab.« Präsident Franz Beckenbauer, im schwarzen Mantel und mit gelber Krawatte, eilt auf den Platz, drückt jedem Spieler die Hand. Sergio küsste den Cup, hält ihn innig an die rechte Wange. Kuffour wirft Kusshändchen ins Publikum, wurde reihum geherzt.

Die Bayern formieren sich zum Kreis, hüpfen übermütig herum. Am höchsten Oliver Kahn. Vergessen da schon seine Rangelei nach dem Pausenpfiff im Kabinengang mit einigen Boca-Spielern, die den Torhüter – er hat sich über die Schwalben-Könige aus Buenos Aires aufgeregt – verprügeln wollen.

Am Ende sind die zuvor so sangesfreudigen Boca-Fans auch verstummt. Der Schock, die Enttäuschung sitzen tief. Riquelme & Co. entzaubert – da blieb kein Auge mehr trocken.

»WIR SIND ALLE SEHR MÜDE«

Und dann die Rückkehr nach München! Sie sind ziemlich fertig, die Weltpokal-Sieger, als sie von 100 Fans am Münchner Flughafen empfangen werden. »Wir sind alle sehr müde«, sagte Franz Beckenbauer und ergänzte: »Im Flugzeug wurde nicht gefeiert.« Den aufgewecktesten Eindruck macht noch Manager Uli Hoeneß. Er grinst in die Kameras: »Ich bin sehr stolz auf diese Mannschaft. Sie haben den Sieg total verdient.«

»WAS WILL MAN MEHR?«

Sie haben sich verausgabt. Erst auf dem Platz, dann im Bankett-Saal des »Four Seasons«-Hotels. »Jetzt muss dieses Team noch zwei Mal die Champions League gewinnen, dann haben sie unsere 70er Jahre-Mannschaft eingeholt«, sagte Kalle Rummenigge. In Festlaune auch Uli Hoeneß: »Der Weltpokal ist der krönende Abschluss einer sensationellen Saison. Wir haben die Meisterschaft, die Champions-League und den Weltpokal gewonnen – was will man mehr?«

Der Kaiser jedenfalls hat offenbar genug. Er genießt – kam aber in seiner Bankettrede dann doch nicht ohne einen Seitenhieb auf die Boca Juniors aus: »Dieser Gegner hatte ganz etwas anderes vor, als Fußball zu spielen: verstecken und zerstören«, sagte Beckenbauer. »Aber die Argentinier haben mal wieder– wie schon 1990 bei der WM – ihre gerechte Strafe bekommen.«

FC Bayern: Kahn – Sagnol, Kuffour, Robert Kovac, Lizarazu – Niko Kovac (76. Jancker), Fink, Hargreaves (76. Sforza), Sergio – Elber, Pizarro (118. Thiam).
Boca Juniors: Cordoba – Martinez (18. Calvo), Schiavi, Burdisso, Rodriguez – Traverso, Serna, Villarreal (99. Pinto/112. Carreno) – Riquelme – Barros Schelotto, Delgado.

Schiedsrichter: Nielsen (Dänemark).
Zuschauer in Tokio: 51 360.
Tor: 1:0 Kuffour (110.).
Gelbe Karten: Kuffour, Hargreaves, Elber / Serna, Rodriguez, Barros Schelotto, Schiavi.
Gelb-Rot: Delgado wegen Foul und Schwalbe (45.)

FEHLSTART FÜR DEN MEISTER

0:1 BEIM KLASSIKER AUF DEM BÖKELBERG

Bundesliga-Auftakt beim Rückkehrer. Die Gladbacher Borussia, Bayerns Dauerrivale in den 70ern, nach dem düsteren Kapitel Zweite Liga wieder zurück in der Eliteklasse – und gleich der Klassiker auf dem Bökelberg. Und er endet mit einer Pleite für den Meister. 0:1 in Gladbach, ein misslungener Auftakt.

Die Neuzugänge treffen: Claudio Pizarro und Nico Kovac gehören im Spiel gegen den Vize-Meister aus Schalke zu den Torschützen.

Entsprechend die Reaktionen. »In der ersten Halbzeit sind wir jedem Zweikampf aus dem Weg gegangen, da darf man sich wirklich nicht wundern. Claudio Pizarro, zwei der vier Neuen, erzielen ihre ersten Treffer für die Bayern, Scholl ist der weitere Torschütze – und der Meister wieder obenauf: »Wir

Die Szene, die zum 0:1 führte, war absolut typisch. Frei nach dem Motto: »Bitte nach Ihnen, ich vertraue auf den lieben Gott«, sagt Hoeneß. Thomas Linke ist es, der den Ex-Fürther Arie van Lent beim 0:1 passieren lässt. »Wir haben Fußball gestanden und nicht gespielt«, raunzte Beckenbauer und formulierte seine Arbeitsanweisung für Trainer Ottmar Hitzfeld: »Das ist so nachlässig wie in der Vorbereitung gewesen. Diese Nachlässigkeit muss man raustreiben. Hitzfeld hat geahnt, was auf ihn zukommt. So wird das nichts.«

DREI TORE GEGEN DEN MEISTER DES HERZENS

Immerhin rehabilitieren sie sich danach gegen Schalke, den Meister des Herzens. Niko Kovac und zeigen Lautern, dass wir sie bald einholen werden«, sagt Olli Kahn in Richtung des Tabellenführers.

»EIN KLEINES BLAUES AUGE«

Doch die nächste Krise ist schon im Anflug. 1:1 in Leverkusen, das hört sich gut an, ist es nach Meinung von Uli Hoeneß aber gar nicht: »Es ist derzeit einfach nicht der richtige Biss da, vor allem auswärts nicht.« Trainer Ottmar Hitzfeld trommelt nicht minder laut. »Wir haben nach den ersten zehn Minuten aufgehört, Fußball zu spielen.« Und Torwart Oliver Kahn merkte treffend an, Bayern sei »mit einem kleinen blauen Auge davon gekommen«.

> »Es ist derzeit einfach nicht der richtige Biss da, vor allem auswärts nicht.«
> *Uli Hoeneß*

adidas

NEUN SIEGE IN SERIE

DER FC BAYERN STARTET DURCH ZU EINEM NEUEN REKORD

Was nun folgt, hat es noch nicht gegeben. Den Bayern fehlt in Stefan Effenberg ihr wichtigster Spieler – und sie starten doch durch zu einer fulminanten Serie, die ihren Anfang im Olympiastadion nimmt.

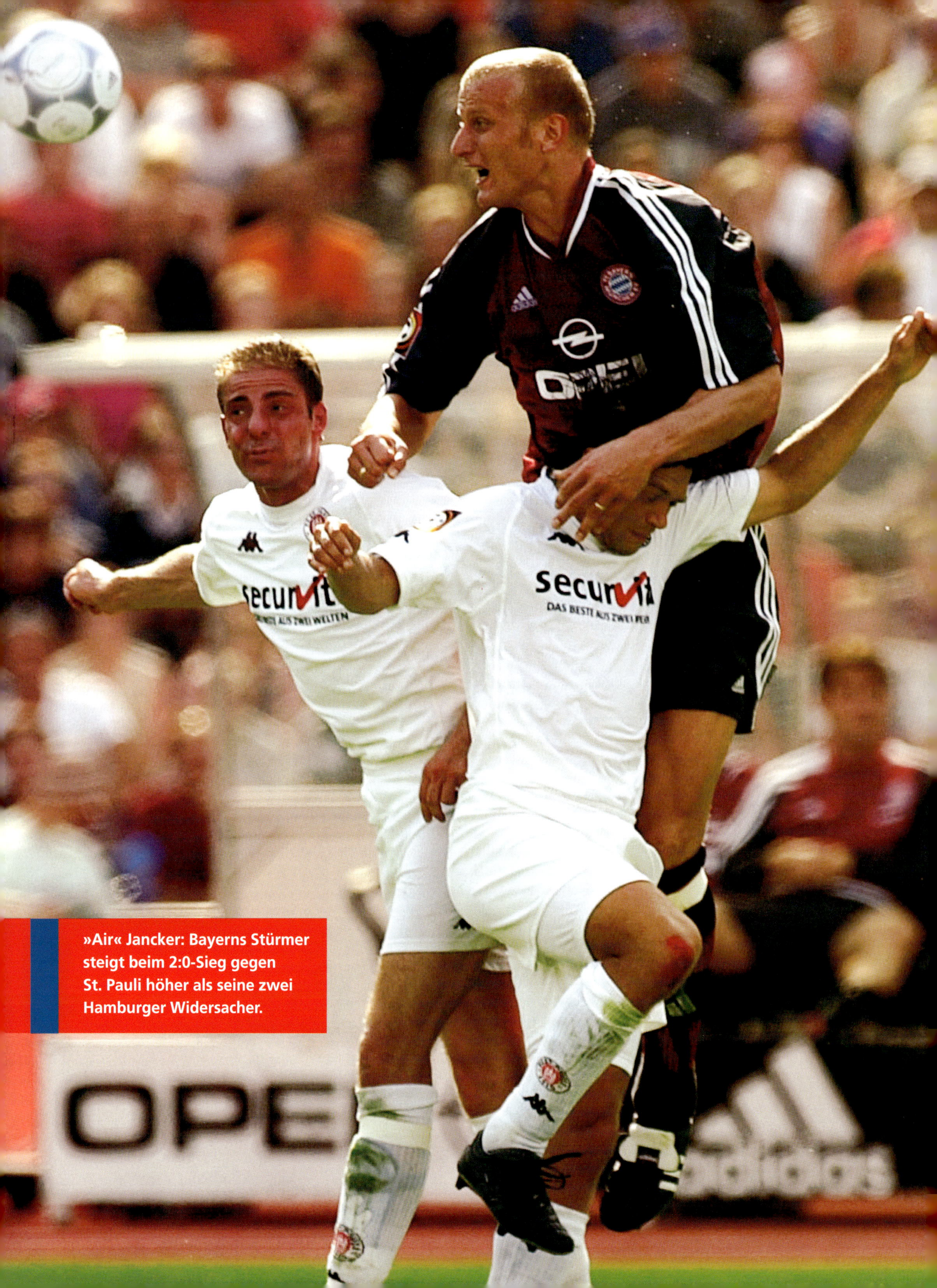

»Air« Jancker: Bayerns Stürmer steigt beim 2:0-Sieg gegen St. Pauli höher als seine zwei Hamburger Widersacher.

DER ERSTE STREICH: DIE PFLICHT

Noch heißt es: »Das war die Pflicht, mehr nicht«, sagt Ottmar Hitzfeld nach dem 2:0 gegen St. Pauli. »Wir hätten St. Pauli abschießen müssen!«, sagt Kalle Rummenigge. »Da müssen sechs, sieben Dinger her. 60 000 Zuschauer im Stadion, da hätte es ein Torfestival geben müssen.«

DER ZWEITE STREICH: DIE LEHRSTUNDE

Die Schwere der Schlappe ist Matthias Sammer nach der Lehrstunde im Gesicht abzulesen. Wortlos, niedergeschlagen, völlig zermürbt. 1:1, 2:6, nun 0:2 – auch das dritte Trainer-Duell mit seinem ehemaligen Übungsleiter Ottmar Hitzfeld (52) ist für den 34-jährigen Trainer von Borussia Dortmund nicht von Erfolg gekrönt. Wachablösung? Ach was. »Ottmar Hitzfeld hat uns optimal auf die Dortmunder eingestellt, das war eine taktische Meisterleistung von ihm – Hut ab«, bilanziert Torwart Oliver Kahn.

»Ottmar Hitzfeld hat uns optimal auf die Dortmunder eingestellt.«
Oliver Kahn

DER DRITTE STREICH: ELBERS SPÄTZÜNDUNG

Gegen Freiburg dauert es bis zur 89. Minute, dann ist es soweit. Auftritt Giovane Elber: Ein kunstvoller Lupfer an Torwart Golz vorbei, 1:0, verhalten gejubelt, drei Punkte gewonnen. 56 Tore (in 108 Spielen für Bayern) weist Elbers

Bilanz auf. Das Besondere: Elber macht nicht nur viele Tore, sondern auch viele entscheidende.

DER VIERTE STREICH: DER KASTANIEN-SKANDAL

Mit den frühen Toren von Zickler (2.) und Pizarro (4.) haben die Bayern im Cottbuser Hexenkessel erst einmal die Luft raus gelassen. »Die Stimmung war lange nicht so explosiv wie im letzten Jahr«, stellt Trainer Ottmar Hitzfeld fest. In der letzten Viertelstunde kracht es dann doch noch. Dutzende Zuschauer schmeißen Klopapierrollen und jede Menge Kastanien. Willy Sagnol wird im Genick getroffen. Cottbus reagiert mit einem offiziellen Schreiben an den DFB auf den Bericht des Schiedsrichters: »Aust hatte in Unkenntnis des Baumbestandes Kastanien als Wurfgegenstände im Spielbericht vermerkt. Es handelte sich aber um Eicheln.«

DER FÜNFTE STREICH: ELBERS FAMILIENGLÜCK

Liebevoll streicht Giovane Elber seiner vierjährigen Tochter Camilla übers Haar, fasst sie bei den Armen und setzt sie auf sein Knie. Mit einem Perlweiß-Grinsen schaut der Brasilianer in die Kamera und verschickt eine Liebesbotschaft via Fernsehen: »Giovane lebt noch – und das zu Hause, bei meiner Frau und meinen Kindern.« Hintergrund: Es hat Gerüchte um eine Ehekrise im Hause Elber gegeben, nach seinen drei Treffern beim 4:0 gegen Stuttgart will er davon nichts mehr wissen.

Last-minute-Tor: In der 89. Minute überwindet Giovane Elber Freiburgs Keeper Richard Golz zum 1:0-Sieg.

Die Serie hält: Alexander Zickler (oben) nickt gegen Cottbus ein und Giovane Elber (unten) trifft gegen seinen Ex-Klub VfB Stuttgart gleich im Dreierpack.

Watsch'n und Wermutstropfen: Sowohl die »Löwen« (Sergio gegen Häßler) als auch die »Teufel« (rechts: Sagnol umkurvt Lokvenc und Ramzy) vom FCK werden überrollt – leider verletzt sich Santa Cruz (rechts unten) gegen den HSV schwer.

DER SECHSTE STREICH: DAS AUS FÜR LORANT

Das Lokalderby und seine Folgen: Spott und Häme für die Blauen, Jubel pur für die Roten. Die Bayern landen den höchsten Derby-Sieg seit 1980, führen den Lokalrivalen meisterlich vor. »Für unsere Fans ist heute Weihnachten«, sagt Torsten Fink nach dem 5:1. Und Landesvater Edmund Stoiber verspürt so etwas wie ein Déjà-vu: »Das Spiel hat mich extrem an das Länderspiel Deutschland gegen England erinnert, da gab es eine enorme Parallelität.« Nämlich? »Elber und Roque Santa Cruz haben bei Bayern gespielt wie David Beckham und Michael Owen beim England-Sieg!«

Sechzig-Boss Karl-Heinz Wildmoser erzürnt die Pleite so sehr, dass er sein zentrales Nervensystem mit zwei Packungen Marlboro Lights betäubt. »Das war ein großes Drama«, sagt er dann. »Jetzt müssen sich die Spieler eben wochenlang flachsen lassen.« Wenigstens das bleibt Werner Lorant erspart: Er wird, nach neun erfolgreichen Jahren als 1860-Coach, noch in der Woche nach dem Derby entlassen.

DER SIEBTE STREICH: SCHÖNER DENN JE

Als nächstes muss Spitzenreiter 1. FC Kaiserslautern mit dicken Beulen die Heimreise antreten: Mit 4:1 watschen Ottmar Hitzfelds Mannen den entthronten Tabellenführer ab. Da gerät Vize-Präsident Kalle Rummenigge ins Schwärmen: »Wir spielen derzeit unglaublich schönen Fußball, mit Freude und Lust, bis zur letzten Sekunde. Ich kann mich nicht an einen FC Bayern erinnern, der so schönen Fußball gespielt hat.« Torhüter Oliver Kahn perplex: »Wir befinden uns in einer Phase, wo alles läuft, egal, was man macht. Absoluter Wahnsinn!«

DER ACHTE STREICH: DIE LEIBCHEN-POSSE

Sie spielen wie im Training – und so sieht es in Köln auch aus. Die Bayern haben nämlich die vom DFB für Auswärts-Teams vorgeschrieben Garnitur Ausweich-Trikots vergessen, weshalb sich Schiedsrichter Lutz-Michael Fröhlich weigert, die Partie anzupfeifen. Die Kölner wollten nicht helfen,

verweigern ihrerseits als Gastgeber (regelkonform) ihre weißen Trikots. Konsequenz: Die Bayern mutieren zu elf tapferen Schneiderlein. Aus weißen Trainingshemden schnipseln sie sich mit der Schere armlose Leiberl, die sie über ihre roten Trikots ziehen. Leibchen ohne Rückennummern und Spielernamen – doch der Erfolg hat einen Namen: Mit einem absoluten Not-Team gewinnt Bayern auch in Köln, 2:0. »Hätte sich vor der Begegnung noch jemand verletzt, wir hätten kaum noch Leute gehabt. Wahnsinn, wie wir unter diesen Bedingungen gewonnen haben«, findet Oliver Kahn.

DER NEUNTE STREICH: NOVEMBER-TRISTESSE

Das erste Spiel im trüben November, der erste Rückschlag. Nicht vom Ergebnis her, 3:0 heißt es auch gegen den HSV. Und doch endet das Spiel mit einem herben Rückschlag: Roque Santa Cruz zieht sich einen Bänderriss zu. Acht Wochen Pause. Zynisch gesagt, befindet Roque sich in guter Gesellschaft: Scholl, Effenberg, Nico Kovac, Elber, Jancker sind verletzt – und jetzt eben auch noch Santa Cruz.

SPAZIERGÄNGER FALLEN HIN

MIT EFFENBERG IST BAYERN WIEDER AUF DER VERLIERERSTRASSE

Neunmal in Serie haben sie also gewonnen und damit den Bundesliga-Gipfel erklommen. Neun Spiele ohne Stefan Effenberg – nun aber ist der »Cheffe« wieder da. Nach 111 Tagen Abstinenz, verletzungsbedingt. Und eigentlich ist alles wie früher – zumindest nach dem Spiel.

adidas

Keine Punkte gegen Bremen: Skripnik donnert den Elfer in die Maschen (oben) und Pizarro scheitert gegen seinen Ex-Klub an Torwart Rost (unten)

Effenberg steht im Mittelpunkt, die Kamera-Scheinwerfer allein auf sich gerichtet. Dass er nach seinem Comeback in Bremen ausgerechnet die erste Niederlage (0:1) seit 19 Begegnungen – just seitdem er nach der Liga-Auftakt-Pleite in Gladbach verletzt von Bord gegangen ist – erklären muss, hält er für ein gutes Omen: »Im letzten Jahr war es nach meiner Rückkehr genauso, am Ende haben wir Meisterschaft

und Champions League gewonnen. Ich hätte nix dagegen, wenn sich das wiederholt. Mich allein für diese Niederlage verantwortlich zu machen, das wäre unfair.«

»DIE EHREN-EINS ODER DIE GNADEN-EINS?«

Auch Ottmar Hitzfeld nimmt seinen Kapitän in Schutz: »Stefan hat sich ganz in den Dienst der Mannschaft gestellt. Dass er nach 45 Minuten ausgewechselt wurde, sei abgesprochen gewesen. «Bald wird er wieder die Antwort auf dem Platz geben», sagt der Trainer. Hitzfeld bleibt dabei: Effenberg ist seine »Nummer eins«. Bloß welche, fragte Johannes B. Kerner im Sportstudio spöttisch: »Die Ehren-Eins wegen der Erfolge oder die Gnaden-Eins?«

Der Kaiser aber gibt sich milde: »Stefan hat ordentlich gespielt, auch, wenn er nicht im Vollbesitz seiner Kräfte war. Deshalb müssen ja die anderen nicht spielen, als ob sie nicht fit seien.« Franz Beckenbauer rüffelt die übrigen Feldspieler. In der ersten Hälfte habe man zu wenig getan, viele Chancen leichtfertig vergeben: »Wenn man in der Liga weiter topp sein will, darf man nicht so spazieren gehen.« Taten sie aber. Folge: Platz eins an Leverkusen verloren.

> »Mich allein für diese Niederlage verantwortlich zu machen, das wäre unfair.«
> *Stefan Effenberg*

MEISTER IM VERSCHENKEN

TRISTES JAHRESENDE: SECHS SPIELE OHNE SIEG

Mit Effenberg also zurück in der Krise. Es folgt das enttäuschende 0:0 daheim gegen Nürnberg – und eine düstere Analyse des Trainers angesichts nun schon vier Punkten Rückstand auf Leverkusen: »Ich bin sehr enttäuscht. Die Mannschaft hatte keine gute Einstellung, alle dachten, es geht von allein.«

Wer Hitzfeld und seine oft zurückhaltende Ausdrucksweise kennt, weiß: Das war ein Verriss. »Im Unterbewusstsein haben wir mit Sicherheit gedacht, dass 50, 60 Prozent reichen«, gibt Oliver Kahn zu. »Die letzten Zentimeter haben dann immer irgendwie gefehlt.« Die Tore sowieso. Seit März 1998 (gegen Bochum) hatten Kahn & Co. in der Bundesliga im Olympiastadion nicht mehr 0:0 gespielt. Dass Bayern kein Tor geschafft hat gegen den Club, liegt noch viel länger zurück: Das war 1968, 0:2.

DIE ERSTE PLEITE OHNE EFFE

Immerhin ein Gutes hat die folgende 1:2-Pleite bei Hertha BSC: Stefan Effenberg ist nicht dabei. Und damit, nach der ersten Saisonniederlage ohne den erneut an den Adduktoren verletzten Kapitän, enden zunächst auch die Diskussionen, ob die

Bayern ohne ihren »Cheffe« besser sind. Denn er fehlt auch bei der nächsten Blamage – dem 3:3 im Heimspiel gegen Wolfsburg. Zweimal die Führung (2:0 und 3:2) verspielt, Absturz auf Rang vier in der Tabelle, sechs Punkte Rückstand – da grantelt Boss Franz Beckenbauer: »Wir schenken die Punkte her.« Giovane Elber kennt (abwegige) Gründe: »Zweimal war ich nun Kapitän«, zählte er auf, »bei Hertha haben wir 1:2 verloren, nun 3:3 gegen Wolfsburg. Ich mache das nie wieder. Das bringt nur Unglück.«

»KEINER HAT MEHR ANGST VOR BAYERN«

In Rostock, beim letzten Hinrunden-Spiel, trägt Stefan Effenberg dann wieder die Spielführerbinde – was auch nichts ändert. 0:1 beim Abstiegskandidaten Hansa. »Wir sind der Meister im Verschenken«, ätzt Franz Beckenbauer. »Keiner hat mehr Angst vor den Bayern«, weiß Ex-Trainer Udo Lattek. »Jeder sagt: Die sind schlagbar.« Fünf Mal in Serie nicht gewonnen, die schlechteste Hinrunde seit 1994/95 – und der Titel in weiter Ferne: Noch nie ist der Hinrunden-Vierte am Ende Erster geworden. Oliver Kahns bitteres Fazit vor dem Jahresausklang: »Wir sind müde, wir können nicht mehr, wir sind nicht frisch, uns fehlt die Fantasie, wir schießen keine Tore, der Tabellenplatz ist enttäuschend …«

Wieder kein Sieg: Gegen Wolfsburg (linke Seite) bringt auch der akrobatische Einsatz von Mehmet Scholl keinen »Dreier« und in Rostock (unten trifft Hirsch zum Tor des Tages) gehen die »Roten« ganz leer aus.

Desolate Bayern: Beim torlosen Remis gegen Mönchengladbach kann auch Alex Zickler nichts ausrichten und ganz dicke kommt's beim ersten Rückrunden-Auftritt auf Schalke – gleich fünf mal muss Oli Kahn hinter sich greifen (rechte Seite).

KALLE SCHREIBT DEN TITEL AB

Das Jahr, dieses größte aller Jahre in der nun 101-jährigen Geschichte des FC Bayern, das die dritte Meisterschaft in Serie, den ersten Champions-League-Triumph und obendrein noch den Weltpokal gebracht hat – es endet mit einer weiteren Enttäuschung: dem müden 0:0 im letzten Heimspiel 2001 gegen Mönchengladbach. Ottmar Hitzfeld nach dem sechsten sieglosen Spiel in Serie: »Die Mannschaft hat es verdient, in die Ferien zu gehen. Ich bin zwar sauer und enttäuscht. Aber irgendwann ist der Akku eben leer.« Was Franz Beckenbauer nicht verwundert: »Warum sollten wir eine blühende Mannschaft sehen, wenn es die letzten Wochen schon nicht geklappt hat? Wir können froh sein, dass jetzt Weihnachten ist.« Und Vize-Präsident Karl-Heinz Rummenigge schreibt die Meisterschaft noch im alten Jahr ab: »Wir müssen mindestens Dritter werden, um die Champions League zu erreichen. Das muss auf jeden Fall unser Minimalziel sein. Das wird schwer genug.«

DER SCHOCK AUF SCHALKE: »EINE BELEIDIGUNG«

Was haben sie sich nicht vorgenommen für den Start ins neue Jahr. Doch die große Aufholjagd geht völlig daneben. Im ersten Spiel 2002 setzt es eine peinliche 1:5-Pleite auf Schalke. Vize Kalle Rummenigge tobt: »Desolat – eine Beleidigung für den Namen FC Bayern«, wettert der künftige Vorstandsvorsitzende, »eine blamable, enttäuschende Leistung. Schalke war uns in allen Belangen überlegen. Wir haben auch in dieser Höhe zu Recht verloren. Es wäre vermessen, jetzt noch von der Meisterschaft zu sprechen. Platz drei war unser Minimal-Ziel. Doch langsam muss man sich auch darüber Gedanken machen.«

Laute Gedanken, die nichts Gutes verheißen. Systemkritiker Paul Breitner forderte: »Jetzt muss es krachen!« Manager Uli Hoeneß formulierte es so: »In den nächsten zehn bis 14 Tagen müssen wir eine Bestandsaufnahme machen. Bevor ich was sage, muss ich noch ein, zwei Nächte drüber schlafen. Aber ich habe schon was im Hinterkopf. Mir ist ein 1:5 lieber

als ein 1:2, da hätte alles wieder unter den Teppich gekehrt werden können.« Giovane Elber gesteht zumindest: »Ich habe gespielt wie ein Amateur. Wir werden in den nächsten zwei Wochen besser sein, sonst gibt es vom Franz auf die Fresse!« Noch hat er Glück: Beckenbauer golft auf Mallorca – und schweigt.

AUFBAUGEGNER BAYER: DIE PAMPERS-DEBATTE

Und außerdem kommt ja nun ein echter Aufbaugegner: Bayer Leverkusen, der ewige Zweite, immerhin überzeugender Tabellenführer – doch nie souverän in München. Auch diesmal nicht. 2:0 gewinnen die Bayern. Und Leverkusens Manager Reiner Calmund, der so sicher war, »dass wir diesmal die Pampers zuhause lassen«, gerät in Erklärungsnot: »Die Mannschaft hat nicht mit Schiss in der Hose gespielt.« Uli Hoeneß will da ganz anderes wissen: »Die haben hier gespielt wie immer, die hatten die Hosen voll.« Und weil das noch so sei, spricht der Bayern-Manager dem Gegner vorsorglich die Titelreife ab: »Wenn die so weiter machen, haben die wenig Chancen auf die Meisterschaft!« Calmund macht das sauer: »Der Uli, der ist doch so intelligent, der soll sich mal was Neues einfallen lassen.«

Das allerdings hätte Calli auch von seinen Leverkusenern fordern können. Wie immer fiel ihnen nicht viel ein in München. Nur zweimal gewannen sie überhaupt gegen die Bayern im Olympiastadion, zuletzt 1989. »Wenn die hierher kommen, wissen die schon was ihnen blüht, deshalb spielen sie hier immer Angsthasenfußball«, sagt Giovane Elber.

AMOROSO
22
DORTMUND

DIE SCAMPI-BAYERN

TIEFPUNKT IM FREUDENHAUS PAULI

»Leverkusen war genau der Gegner, den wir gebraucht haben, um frischen Mut zu schöpfen«, sagt also Vize-Präsident Kalle Rummenigge. Er ahnt nicht, was folgen soll: Ein 1:2 auf St. Pauli – der absolute Tiefpunkt im Freudenhaus der Bundesliga.

Es ist die Zeit für Spott, Schimpf und Schande. St. Paulis Marketingabteilung schickt Uli Hoeneß ein T-Shirt an die Säbener Straße, darauf steht: »Weltpokal-Sieger-Besieger«. Hoeneß hat genug. Er begibt sich in den Kabinentrakt – und hält den satten Stars eine Standpauke, wie sie es in dieser Saison noch nicht erlebt haben: »Ich habe sehr deutliche, harte Worte gefunden. Trainer Hitzfeld und ich haben klar gemacht, dass wir nicht akzeptieren, wo der FC Bayern im Moment steht.« Nämlich auf Platz fünf – und damit nach jetzigem Stand nicht für die Champions League qualifiziert.

HOENEß HAT SCHLAFLOSE NÄCHTE

Die Schmach am Millerntor ist zu viel für den Chef der Abteilung Attacke: »Das war der Tiefpunkt. Aber wir spielen schon seit neun Spielen nur Dreck! Das kann doch jeder sehen. Mir passt einiges nicht. 30 Minuten nach der Demontage spielen schon wieder alle Karten und lachen. Die schieben sich genüsslich noch drei Scampi rein – und ich habe schlaflose Nächte.« Ein gefundenes Fressen für die Boulevard-Presse: Die Scampi-Affäre beschäftigt München noch lange. Lange hatten Bayerns Bosse die Mär von ihren erfolgshungrigen Kickern verbreitet. »Es ist passiert, was wir vielleicht alle verdrängt haben. Es herrscht Sattheit, die müssen wir raustreiben. Wir haben sechs Punkte aus neun Spielen geholt. Das soll jeder mal hochrechnen, wie viel Punkte das in 34 Partien wären«, zischte Hoeneß. Keine 23 Punkte nämlich, und das reicht – nur zum Abstieg. Im letzten Jahr brauchte der Tabellen-15., Stuttgart, 38 Punkte für die letzte Rettung.

KAHNS KRACH MIT HOENEß

Wer sich Aufschluss erhofft hat vom Spiel gegen Spitzenreiter Borussia Dortmund, muss nach dem 1:1 weiter warten. Zwar haben sich die Bayern »sehr bemüht«, wie Manager Uli Hoeneß konstatiert. Und doch sind sie aus internationalen Startplätzen gestürzt: Rang sechs reicht nur zum UI-Cup – auf den sie verzichten. Hoeneß: »Lieber erholen wir uns ein Jahr in der Bundesliga.« Dass Manager Uli Hoeneß, der »immer ganz dicht beim Team« ist, auf Distanz gegangen war nach der Pauli-Pleite haben ihm die Profis sehr übel genommen. Ausgerechnet Oliver Kahn, Hoeneß' designierter Nachfolger, wagt Widerstand: »Blödsinniger Populismus hilft uns nicht weiter. Hoeneß schmecken Scampis auch. Das Falscheste, was man nun tun kann, ist rumschreien und unendlichen

Giovane Elber demonstrativ auf Ottmar Hitzfeld zuläuft, den verdutzten Trainer umarmt und erklärt: »Es tut weh, zu sehen, wie der Trainer an der Seitenlinie mit jeder vergebenenen Chance älter wird. Wir wollen, dass er wieder lachen kann.» Kann er, darf er auch nach dem 6:0 gegen Cottbus. Die Fans lachen mit und fordern: »Scampi für alle!«

Nach dem 2:0 in Stuttgart glauben sie wieder vollends an sich. »Jetzt wollen wir wieder Meister werden. Wir greifen an«, sagt Manager Hoeneß: »Ich habe keine Lust mehr zu sagen, wir spielen um Platz drei. Unser Blick geht nach vorne.« Je größer, je

Die Hoffnung stirbt zuletzt: Beim Auswärtssieg in Stuttgart trifft auch Santa Cruz wieder und sorgt für Beruhigung nach der »Scampi-Affäre«.

Blödsinn erzählen.« Und Kahns Attacke gilt nicht allein Hoeneß: »Einige Herren« wollte er angesprochen wissen – etwa auch Präsident Franz Beckenbauer, der »Steinzeit-Fußball« beklagt hat. Was auch Mehmet Scholl ärgerte: »Wir sind auch nur Menschen.«

HITZFELD DARF WIEDER LACHEN

Die bald schon wieder Hoffnung haben. Zum Beispiel nach dem 2:0-Sieg in Freiburg, als Torschütze

schwieriger die Aufgabe, desto wohler fühlen sich die Bayern: Bixente Lizarazu: »Jetzt kommen Spiele, die Spaß machen. Jede Partie ein Endspiel. Wir kennen uns damit bestens aus. Ich glaube, es werden fantastische Monate.«

GLÜCKSGEFÜHLE IM DERBY

Volle Punktzahl im Stadt-Duell: Auch das Rückspiel gegen 1860 München entscheiden die Bayern für sich. Nachdem Paulo Sergio (unten) getroffen hatte, macht Thorsten Fink (rechte Seite) kurz vor Schluß alles klar.

2:1 GEGEN DIE LÖWEN – UND JEDE MENGE AUFREGER

Zunächst mal folgen 90 Zitter-Minuten – und ein Happyend in letzter Sekunde. 1:1 steht es, als Thorsten Fink, den einst nach einem Wunderschuss Manager Uli Hoeneß unseren »Rastelli« getauft hatte, seinen Auftritt hat. Der Siegtreffer. »Schon im Hinspiel habe ich gegen die Löwen das

2:1 gemacht. Ich werde noch zum Derby-Star«, meinte der Mann für gewisse Tore und kündigte weitere Tricks an: »Wir holen uns jetzt einen nach dem anderen von oben runter. Schalke und Lautern haben wir schon gepackt, jetzt fehlen noch Leverkusen und Dortmund. Die kriegen wir auch noch.« Psycho-Terror Marke FC Bayern. Spannung pur. »Wir sind die Last-Minute-Bayern«, erklärt Kalle Rummenigge.

Es ist der Schlusspunkt eines durchwachsenen Derby mit großen Aufregern. Etwa Tarnats Fehlschuss: Michael Tarnat verschießt einen unberechtigten Foul-Elfmeter. Oder Sergios Tor-Geheimnis. »Gott ist meine Kraft«, steht auf dem Shirt, das er nach seinem Führungstreffer in der 72. Minute zeigt.

SERGIO UND DIE KRAFT GOTTES

Oder Sforzas Blackout: 75 Minuten zeigt Aushilfs-Abwehrchef Sforza laut Manager Hoeneß »das Beste, das er je für uns gespielt hat«, dann der Blackout. Fehlpass zu Stranzl, es folgt das 1:1. »Ein Geschenk unserer Abwehr«, grollt der wilde Fußball-Kaiser Beckenbauer. »Das Tor muss man schon wegen Dummheit geben.«

Oder Ickes Flucht: 64 Minuten lässt Löwen-Coach Pacult seinen Star Thomas Häßler auf der Bank schmoren. Dann soll Icke 1860 zum Sieg zaubern. Ein Freistoß in die Mauer: die ganze Kunst. Schnell ist er nur später bei der Flucht aus dem Stadion. Das Auslaufen mit den Kollegen schenkt sich Icke. Da kriegt er wenigstens Wildmosers Kritik nicht mit: »Ohne Häßler haben wir das Unentschieden gehalten, mit Häßler haben wir verloren«, sagt der Löwen-Boss. Die Bayern freut´s.

BASLER

»KEINE MARK MEHR AUF BAYERN«

JAGDSZENEN AUF DEM BETZE

Ihr erklärtes Ziel jetzt drei Punkte in Kaiserslautern. Sie verfehlen es beim 0:0 – und schöpfen doch neuen Mut, ausgerechnet aus Spießrutenlauf nach Schluss. Schmäh-Gesänge vom untersten Niveau, eine Bierdusche für Thorsten Fink, Oliver Kahn kommt nur dank eines blauen Regenschirms trocken in den schützenden Bus. Jagdszenen pur, die Hetze auf dem Betze.

»Wie wilde Tiere« benehmen sich die Fans in der Pfalz, findet Uli Hoeneß. »Hier sind Neid und Hass in Reinkultur anzutreffen«, findet Kahn. »Gegen uns werden immer Himmel und Hölle in Bewegung gesetzt. Weil wir dreimal in Serie Meister geworden sind, wird nun mit allen Mitteln daran gearbeitet, dass wir es nicht nochmal schaffen.« Doch einer wie Kahn lässt sich davon nicht ins Bockshorn jagen. »Das genau ist unsere Motivation. Welche Mannschaft kommt nach einer absoluten Spitzen-Leistung in Manchester letzten Mittwoch hierher und reißt sich nochmal den Hintern auf? Nur der FC Bayern.« Und dann machte Vul-Kahn Olli klar: »Wir werden auch diesmal Meister!«

ELBERS NULL-BOCK-AUFTRITT

Zumindest steht das nächste Ergebnis nicht dagegen. Auch wenn sie sich schwer tun beim 3:0 gegen den 1. FC Köln, den Giovane Elber mit zwei späten Treffern sichert. Und trotzdem kriegt er später Ärger. »In der ersten Hälfte hatte ich keine Lust, null Bock!«, erklärt der Brasilianer nämlich und dass er sauer ist auf Trainer Hitzfeld, weil der ihn durch seine Nicht-Nominierung in der Champions League um die WM-Teilnahme gebracht habe: »Der Trainer hat mich gegen Nantes und Manchester nicht spielen lassen. Ich bin enttäuscht.« Hitzfelds Konter mit ernstem Blick: »Giovanes Worte zeugen von mangelnder Loyalität gegenüber der Mannschaft und sind unfair gegenüber den Anderen. Darüber werden wir reden müssen.«

»WIR HABEN ES NICHT MEHR IN DER HAND«

Der März endet mit einer neuerlichen Enttäuschung. »Das war ein vorentscheidender Spieltag«, sagt Kalle Rummenigge nach dem 0:0 in Hamburg. »Wir haben es selbst nicht mehr in der Hand. Die Meisterschaft haben wir allerdings nicht am Samstag, sondern im November und Dezember verloren.«

ES DROHT APOEL NICOSIA

Es kommt noch schlimmer. 2:2 daheim gegen Werder Bremen, selbst Stefan Effenberg wird da kleinlaut und spricht vom »definitiven Aus in der

Meisterschaft«. Vier Spieltage vor Schluss sind die Bayern auf Platz vier abgerutscht. »Jetzt ist der dritte Platz in der Bundesliga wahrscheinlich auch noch weg«, grantelt Franz Beckenbauer. »Wir müssen aufpassen, dass wir nicht ganz aus der Champions-League-Qualifikation rausfallen.« Ein Graus: Statt Manchester United oder Real könnten die Gegner in der nächsten Saison Apoel Nicosia oder FK Bodö/Glimt heißen. Leverkusens Trainer Klaus Toppmöller, bisher äußerst zurückhaltend mit kritischen Bemerkungen über das kriselnde Ensemble von Kollege Ottmar Hitzfeld, kann plötzlich seine Bosheiten nicht mehr zügeln: »Ich setze auf die Bayern keine Mark, dass sie noch unter die ersten Drei kommen.«

KAHN SICHERT BAYERNS ZUKUNFT

Dass sie noch halbwegs im Geschäft sind, haben die Bayern vor allem Oliver Kahn zu verdanken. »Was Kahn rausgeholt hat, war unmenschlich«, sagt Nürnbergs Präsident Michael A. Roth nach dem 2:1-Sieg beim Club. Olli, der Kahn-tastische: Innerhalb von 92 Sekunden entschärfte er in Nürnberg mit unglaublichen Paraden vier hundertprozentige Chancen: »Ich kam ins Stadion, da hing ein Plakat ‚Söldner ohne Herz' oder so ein Scheiß. Da war ich sofort voll motiviert«, erklärt Kahn. Mit seinen Fäusten rettet er Bayerns Zukunft. »Nächstes Jahr kommen neue Spieler, dann wollen wir in drei Wettbewerben neu angreifen – und dazu gehört die Champions League.« Denn nun sind sie zumindest zurück im Kampf um die Champions League – und könnten mit einem Sieg gegen Hertha den ärgsten Widersacher im Kampf um Platz drei erledigen. »Es gibt nichts Besseres, als es gegen den direkten Konkurrenten selbst entscheiden zu können«, sagt Kahn.

Sie bleiben im Geschäft: Elber (linke Seite) trifft per Kopf gegen Köln und beim Klub in Nürnberg (links: Hargreaves) gibt's ebenfalls drei Zähler.

Getümmel im Strafraum: Nach dem Platzverweis für Herthas van Burik will Thorsten Fink (li.) schlichten – und sieht dafür Gelb.

PSYCHO-KAMPF IN DER HÖLLE

EFFE VERBANNT, BAYERN WIEDER AUF TITELKURS

Das vorletzte Heimspiel – und der Eklat am Tag zuvor: die Verbannung des Stefan Effenberg. Ottmar Hitzfeld hat den Kapitän aus dem Kader gestrichen. Effe, nach seinen despektierlichen Äußerungen über Arbeitslose (»denen müsste man die Stütze streichen«) bei den Fans unten durch, soll vor Unmut aus dem eigen Lager geschützt werden.

Und tatsächlich: Ohne den Cheffe läuft es besser, heraus kommt ein souveränes 3:0 gegen Hertha BSC. »Wenn Effenberg nach seiner Verletzung am Saisonanfang gar nicht mehr gespielt hätte, wären sie längst mit zehn Punkten Meister«, lästert Ex-Trainer Udo Lattek.

Doch dank der Leverkusener Titel-Allergie (1:2 gegen Bremen) macht sich Bayern wieder Hoffnung auf die Schale. »Ich hatte selber nicht mehr damit

gerechnet, aber es ist wieder alles drin. Alles!«, sagt Manager Uli Hoeneß. Torhüter Oliver Kahn kratzt an den Nerven der Leverkusener und der Dortmunder: »Die fangen jetzt an zu denken. Jedes Spiel wird zur Psycho-Nummer. Die gehen durch die Hölle.« Und: »Wenn die beiden da oben keine Lust auf die Meisterschale haben, dann holen wir sie halt – wir lauern auf den Titel.«

DORTMUND, DER UNGERECHNETE ZWEITE

Sportchef Karl-Heinz Rummenigge: »Die Hoffnung auf den Titel ist noch vage da. Wichtig ist, dass wir Zweiter werden und uns direkt für die Champions League qualifizieren. Und der Zweite bekommt mehr Geld – 15 Prozent aus dem TV-Topf. Da sprechen wir über richtiges Geld!« Zweiter ist Dortmund. Zu Unrecht, findet Rummenigge: »Die haben das exklusiv den krassen Fehlentscheidungen der Schiedsrichter in den letzten Wochen zu verdanken. Gegen Pauli, Gladbach und Köln gab es falsche Elfer-Entscheidungen. Ohne die hätten wir Dortmund schon überholt.«

»EIN HORRORFINALE«

Erfolgloses Dribbling: Mehmet Scholl gegen Wolfsburg, das 1:0 des FC Bayern erzielte ein Wolfsburger per Eigentor.

NACH DEM VORLETZTEN SPIELTAG REDEN SIE WIEDER VOM TITEL

Der letzte Spieltag naht, die letzten Sekunden werden kommen – und von Minute zu Minute steigen die Chancen der Bayern, doch noch Meister zu werden. Zunächst übernimmt es der letzte Gastgeber, VfL Wolfsburg, selbst, sich per Eigentor 0:1 zu besiegen. Rivale Leverkusen hachingt in Nürnberg.

»Erst waren es neun Punkte zur Spitze, dann sechs, dann vier«, sagt Karl-Heinz Rummenigge. Lächelnd fährt der Vorstandsvorsitzende fort: »Nun sind es noch zwei... « Und am Ende, nach dem finalen Heimspiel gegen Hansa Rostock, sind die Bayern als lachender Dritter wieder Erster? Ein klassisches Déjà-vu bahnt sich an.

Alle Zurückhaltung ist Vergangenheit. »Ich gehe davon aus, dass der FC Bayern Deutscher Meister wird«, sagt Ottmar Hitzfeld. Nun soll er also doch noch her, der vierte Titel in Serie. Frei nach dem Motto von Torhüter Oliver Kahn: »Wenn die anderen nicht wollen, dann nehmen wir die Schale.« Trotz phasenweise schlimmer Spiele (St. Pauli, Rostock, Köln). Trotz der Effenberg-Affäre. Trotz der spielerisch besseren Rivalen Bayer und Borussia.

FÜNF-PROZENT-CHANCE

In Wolfsburg erhöht sich die Münchner Meisterquote jedenfalls im Minutentakt. Direkt nach dem Abpfiff taxiert Manager Uli Hoeneß die Chance, den Titel zu holen auf »4,7 Prozent«. Wenig später beziffert Rummenigge den Wert neu: »Wir haben eine Fünf-Prozent-Chance. Das ist zwar wenig, aber manchmal reicht das.« Um auf Nummer sicher zu gehen, verdoppelte er ein paar Minuten später auf »zehn Prozent«. Richtig aufgestockt hatte dann – kurz vor seiner finalen Meister-Prognose – Trainer Hitzfeld mit schon sehr optimistischen »50 Prozent«. Es darf also wieder gerechnet werden – sowohl mit den Bayern als auch mit der Nervosität der Rivalen. »Das wird ein Horror-Finale für die anderen«, sagt Hitzfeld.

DER F
GRAT
BORUSSIA
ZUR D
MEISTERSCH
FINK

TRÄNEN BEIM FINALE

DORTMUND FEIERT, LEVERKUSEN WEINT, BAYERN NUR DRITTER

Das letzte Spiel gegen Rostock: Mehmet Scholl und Hasan Salihamidzic (r.) feiern den 3:2-Sieg, die Meisterschaft haben sie trotzdem verloren. Das 1:0 hatte Baumgart (Mitte) per Eigentor erzielt.

Zumindest an diesem einen Tag, dem ersten Samstag im Mai, sind sie nicht gut zu sprechen gewesen auf Michael Ballack, den künftigen Bayern. Es ist sein letzter Auftritt im Bayer-Trikot in Leverkusen, und über die Anzeigetafel macht er seinen neuen Fans im Münchner Olympiastadion klar, dass er noch gar nicht an seinen neuen Arbeitgeber denkt. Der Titel-Krimi, ein Dreikampf in Leverkusen, Dortmund, München, im Zeitraffer.

15.40 in Leverkusen: Ballack bringt Bayer 1:0 in Führung. Uli Hoeneß nickt Ottmar Hitzfeld mürrisch zu, sein Blick sagt: Heute patzt Bayer wohl nicht.

14.49 in Dortmund: Stalteri trifft für Bremen, 1:0 bei der Borussia. In diesem Moment ist Leverkusen Meister, die Bayern hoffen auf Platz 2.

16.09 in München: Eigentor Baumgart, Bayern führt 1:0 gegen Rostock. Wieder ein Eigentor, wie schon in Wolfsburg. Werden sie mit Hilfe ihrer Gegner doch noch Meister?

16.12 Uhr in Dortmund: Ein Roller von Koller, drin. 1:1, Borussia gleicht aus.

16.38 Uhr in Leverkusen: wieder Ballack. Das 2:0 für Bayer – die wären jetzt Meister.

16.40 Uhr in München: Scholl trifft zum 2:0. Bayern noch Zweiter.

17.01 Uhr in Dortmund: Ewerthon, erst 49 Sekunden im Spiel, trifft zum 2:1. Borussias Meistertor.

17:15 Uhr in München: Hansen und Lantz haben noch für Rostock, Elber für Bayern getroffen. Doch das 3:2 hilft nichts, wenn auch Leverkusen und Dortmund gewinnen.

»Ich gratuliere Dortmund zum Titel. Gegönnt hätte ich ihn Leverkusen.«
Uli Hoeneß

17.17 Uhr: Aus auf allen Spielplätzen. Borussen-Trainer Matthias Sammer hat die Schale, Bayer-Manager Reiner Calmund heult hemmungslos, Uli Hoeneß zuckt mit den Schultern. Nur Platz drei. Ulis Schlusswort: »Ich gratuliere Dortmund zum Titel. Gegönnt hätte ich ihn Leverkusen.«

»Wenn wir gegen Wolfsburg gewinnen, sind wir bei 100 Prozent, dann können wir die anderen jagen.«

Ottmar Hitzfeld

SPIELE
IN DER PROVINZ

Pokalstimmung: Michael Tarnat (oben) trifft per Freistoß im »Geisterspiel« gegen Wolfsburg und die hitzige Schlacht auf dem Betze (unten) wird erst im Elfmeterschießen entschieden.

AUFTAKTSIEGE IM POKAL GEGEN PADERBORN UND OSNABRÜCK

Zwei Wettbewerbe haben sie bereits verloren, vor diesem ersten Auftritt im DFB-Pokal: den Liga-Cup und den europäischen Supercup. Von Monte Carlo nach Paderborn, vom glorreichen Fürstentüm in die westfälische Provinz, der Alltag ist hart für die Bayern und einer wie Oliver Kahn gnadenlos.

»Mehr Disziplin, mehr Professionalität« hat der Torwart vor dem Spiel beim Regionalliga-Klub gefordert. Am Ende gibt's ein 5:1 in Runde eins – und nichts zu meckern. Weil schließlich zu diesem frühen Zeitpunkt, Ende August, noch niemand ahnen kann, dass Carsten Jancker hier zum ersten – und einzigen (!) Mal der Saison ins Tor trifft.

DAS KURZ-COMEBACK VON JEREMIES

Weiter geht's nach Osnabrück. Kaum lukrativer, dieses Los, man kann sich allenfalls blamieren, doch auch dies bliebt den Bayern erspart: 2:0 gewinnen sie dank Treffern von Scholl und Jancker, interessanter aber sind diese beiden Personalien: Stefan Effenberg spielt, gibt nach erneuter Verletzung sein zweites Comeback in dieser Saison – und Jens Jeremies spielt erstmals seit seiner Knieoperation vom April wieder, wenn auch nur die letzten vier Minuten.

NUR 4000 FANS GEGEN WOLFSBURG

Nun aber endlich, kurz vor Bundesliga-Jahresbeginn 2002, der erste Härtetest im Pokal: das Liga-Duell gegen den VfL Wolfsburg. »Wenn wir gegen Wolfsburg gewinnen, sind wir bei 100 Prozent, dann können wir die anderen jagen.« Trainer Hitzfeld meinte Leverkusen, Dortmund, Bremen und Kaiserslautern, die alle in der Bundesliga vor den Münchnern stehen. Aufholjagd mit runderneuertem Team, mit Stefan Effenberg, Jens Jeremies und Mehmet Scholl, die lange verletzt waren. Es wird ein müder Kick, den die Bayern dank Treffern von Tarnat und Elber 2:1 gewinnen – vor nur 4 000 Zuschauern.

ELFMETER-KRIMI AUF DEM BETZE

Das Viertelfinale auf dem Betzenberg. Pokal-Krimi pur. Erinnerungen ans Champions-League-Finale am 26. Mai, den Triumph gegen Valencia. Damals feierten die Bayern. Und diesmal? Auch. 5:3 gegen Kaiserslautern. Der Elfer-Krimi nach 120 tor-

Reine Nervensache: Lauterns Bjelica verschießt während Claudio Pizarro (rechte Seite) kühlen Kopf bewahrt und die Bayern ins Halbfinale bringt.

losen Minuten: Effenberg trifft – 1:0. Harry Koch auch – 1:1. Jeremies sicher zum 2:1. Hengen mit Glück – 2:2. Hargreaves cool – 3:2. Bjelica drüber. Scholl zum 4:2. Hristov verkürzt – 4:3. Pizarro lässt Bayern jubeln – 5:3, Halbfinale! Weil Nenad Bjelica, Lauterns Kroate, die Nerven versagten ...

Balsam auf die Wunden der in der Bundesliga krisengeschüttelten Bayern. Trainer Ottmar Hitzfeld spricht vom »wichtigen Erfolgserlebnis« und von der »Hoffnung auf die Initialzündung«. Denn: »Die Mannschaft hat – bei allen spielerischen Mängeln – wieder Siegeswillen gezeigt, hat bewiesen, dass sie zusammenhält und wieder erfolgreiche Zeiten erleben will.«

»Wir haben durch aggressives Auftreten das Glück erzwungen«, resümiert Torwart Oliver Kahn, der mit seinem Ellenbogen-Check gegen Lincoln in der Anfangsphase ein Zeichen gesetzt hat. Danach gibt er die Losung aus: »Das Triple ist noch drin.« Dass Kahn dabei gegrinst hat, bedeutet bei ihm nicht zwingend, dass er es nicht ernst gemeint hat.

»Wir haben durch aggressives Auftreten das Glück erzwungen«
Oliver Kahn

BASLER VERSPOTTET BAYERN

Nur Mario Basler will ihnen mal wieder in die Suppe spucken. »Wenn die Bayern in diesem Jahr Deutscher Meister werden, habe ich keine Ahnung vom Fußball«, sagt Basler nach der 3:5-Pleite. Sein Zorn richtet sich vor allem gegen Schieds-

richter Jansen, der das Elfmeterschießen nicht auf Lauterns Fankurve, sondern auf den Gästeblock austragen lässt. »Hosenscheißer« schimpft er den Referee – und handelt sich so ein Ermittlungsverfahren durch den DFB ein.

KOPFNUSS VON KUFFOUR

Das Halbfinale, ein erneuter Krimi. 0:0 steht es in der Arena auf Schalke nach 90 Minuten – und diese Schlussminute der regulären Spielzeit hat es in sich. Sammy Kuffour nämlich sieht rot. Und das im doppelten Sinne. Erst foult er Böhme, der ihm ein ums andere Mal entwischt ist, übel von hinten, um sich schließlich mit einer Kopfnuss von seinem Gegenspieler zu verabschieden. Den Abschied der Bayern leitet Marco van Hoogdalem ein, in der 100. Minute zieht der Holländer aus exakt 16 Meter mit rechts ab und hämmert den Ball in den rechten

Hexenkessel auf Schalke: »Busenfreund« Andi Möller im Disput mit Oliver Kahn und Stefan Effenberg und Sammy Kuffour (rechte Seite) kurz vor seinem vorzeitigen Duschgang.

Winkel. Es steht 1:0. Spätestens da wusste man, warum das Spiel aus Lärmschutzgründen in der Halle ausgetragen wird. Es ist so laut, wie es nicht anders sein kann, in einem Pokalspiel, in dem beide Mannschaften alles gegeben hatten. Das Spiel ist schnell, hochklassig, spannend und hart. Manchmal zu hart. Allein achtmal zeigt Schiedsrichter Fandel Gelb.

> »Möller hat das ganze Spiel über provoziert. Das ist einfach nicht in Ordnung«
> *Karl-Heinz Rummenigge*

muss sich nach einem Foul nicht dreimal überschlagen, wenn man nicht verletzt ist.«

MÖLLER UND KAHN IM CLINCH

Oliver Kahn bezichtigt Andi Möller, Schiedsrichter Herbert Fandel lautstark und gestenreich zur Roten Karte gegen Kuffour animiert zu haben. Vor-

DAS BITTERE ENDE

Und auch nach dem – für Bayern bitteren – Ende geht es heiß her: Die 90. Minute, der Platzverweis von Kuffour nach Grätsche und Kopfnuss gegen Böhme, hat die Gemüter erhitzt. Schalkes Manager Assauer tobt: »Kuffours Kopfstoß gegen Böhme nach dem Platzverweis war total unnötig.« Bayerns Uli Hoeneß wirft Böhme Schauspielkunst vor: »Man

stand Rummenigge pflichtet seinem Keeper bei. »Möller hat das ganze Spiel über provoziert. Das ist einfach nicht in Ordnung.« Möller tritt verbal nochmal gegen den Bayern-Torwart nach. »Kahn wollte Böhme in den Schwitzkasten nehmen. Dem ist anscheinend der Erfolg zu Kopf gestiegen. Der ist vollkommen realitätsfremd. Kahn sollte vor der eigenen Haustüre kehren.« Freunde werden die beiden sicher nicht mehr.

POMADIGE

PREMIERE MIT HOLZFÜSSEN

MÜHSAME RÜCKKEHR DER CHAMPIONS IN DER KÖNIGSKLASSE

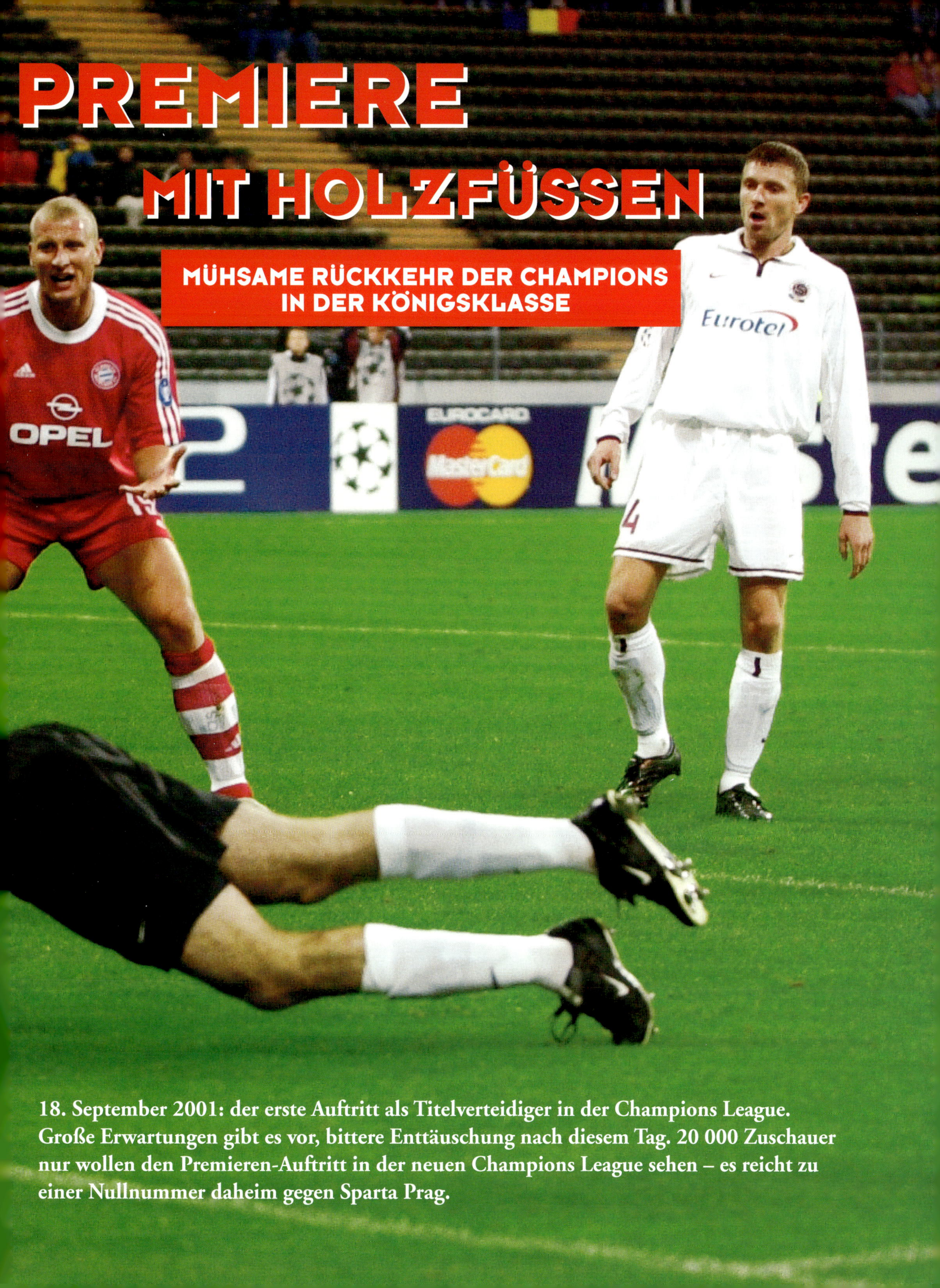

18. September 2001: der erste Auftritt als Titelverteidiger in der Champions League. Große Erwartungen gibt es vor, bittere Enttäuschung nach diesem Tag. 20 000 Zuschauer nur wollen den Premieren-Auftritt in der neuen Champions League sehen – es reicht zu einer Nullnummer daheim gegen Sparta Prag.

»Pomadig! Ein sehr, sehr schlechtes Spiel von uns.«
Ottmar Hitzfeld

Jancker mit Ladehemmung: Auch beim 0:0 gegen Sparta Prag geht Bayerns Stürmer leer aus – der Anfang einer langen, sehr langen Durststrecke.

»Ein Grotten-Kick«, grollt Oliver Kahn. Auch Trainer Hitzfeld wird deutlich: »Pomadig! Ein sehr, sehr schlechtes Spiel von uns. Wir hätten noch zwei Stunden spielen können, ohne ein Tor zu machen.« Bayern kann das Fehlen der Kreativen Mehmet Scholl und Stefan Effenberg nicht kompensieren. Die erste Garde trägt die Haxn im Gips, in der zweiten Reihe spielen, um es im Beckenbauer-Jargon auszudrücken: Holzfüße. Schon vor dem zweiten Auftritt gibt sich der Kaiser ungeduldig. »Die Mannschaft weiß, dass sie heute gewinnen muss, beziehungsweise nicht verlieren darf«, sagt Franz Beckenbauer. Simplere Mathematik, die verstanden wird: Hasan Salihamidzic erzielt in Moskau den ersten Treffer, zwei weitere von Giovane Eleber folgen, am Ende ist Spartak Moskau mit dem 3:1 gut bedient.

GIOVANE GLÄNZT IN DER WANNE

Nach Rotterdam geht's gleich zweimal: Zunächst am 11. September, das Spiel muss wegen des Terroranschlags in den USA verlegt werden. Einen Monat und unendliche Diskussionen, ob in diesen Tagen noch Fußball gespielt werden dürfe, später dann der zweite Versuch: In Hollands gefürchteter Wanne, wie das Stadion »De Kuip« übersetzt heißt, gehen sie dank Giovane Elber nicht baden, der Brasilianer trifft beim 2:2 gegen Feyennoord zweimal: »Bei mir klappt derzeit alles. Der absolute Wahnsinn.« Vier Treffer hat der Brasilianer nun schon in der Champions League erzielt. Und er weiß auch wofür: »Ich will unbedingt zur Weltmeisterschaft.«

MÜNCHNER LACH- UND

SCHIESSGESELLEN

DANK TOLLER ELBER-TORE AUF PLATZ EINS DER VORRUNDE

Samba tanzen sie dann auch beim ersten Rückspiel-Auftritt, diesmal aber wird Elber, der wieder zweimal trifft, unterstützt von Claudio Pizarro, dem sein erster Doppelschlag in der Champions League gelingt.

5:1 heißt es am Ende gegen Moskau, eine große Show, buchstäblich: 25 000 Fans feixen, als die »Abendzeitung« den FC Bayern ob seiner Spiel- und Torschussfreude tauft, hatte trotz des Fehlens von »Mr. Champions League« Giovane Elber mächtig Spaß beim 3:1 gegen die Holländer. Trotzdem gab es leise Kritik, weil diesmal das Standardergebnis von 5:1 aus Bundes- und Champions-Liga verfehlt wird. »Wir sind schließlich keine Roboter«, entschuldigt sich Olli Kahn.

FEULNER, DER FAHRTEN-SCHWIMMER

Wofür das letzte Spiel gegen Prag noch gut ist? Für eine besondere Entdeckung. Sein Vorbild heißt David Beckham, er ähnelt Owen Hargreaves – und ist doch: Markus Feulner, Shooting-Star in Prag. »Feul-

Elber nach seinem zweiten Treffer Brazzo Salihamidzic für dessen glänzenden Vorbereiter-Dienste die Schuhe putzt. Die Bayern schon kurz vor dem vorzeitigen Einzug in die Zwischenrunde, den sie sich dann im vorletzten Gruppenspiel gegen Rotterdam sichern. Die »Münchner Lach- und Schießgesellschaft«, wie

ner hat jetzt den Fahrtenschwimmer gemacht«, lobt Uli Hoeneß nach dem 1:0-Sieg, der den Bayern Platz eins in der Vorrundengruppe H sichert. Äußern darf er sich dazu nicht: Wie einst bei Santa Cruz und eben Hargreaves wird der Newcomer vor allzu großem Medienwirbel geschützt.

Tabelle Vorrunden-Gruppe H

1.	FC Bayern	14:5 **Tore**	14 **Punkte**
2.	Sparta Prag	10:3	11
3.	Rotterdam	7:14	5
4.	Spartak Moskau	7:16	2

Das reichte zum Gruppensieg: Sammy Kuffour (linke Seite) trifft per Kopf gegen Rotterdam und Vorbereiter »Brazzo« lässt sich beim 5:1 gegen Moskau vom Torschützen Giovane Elber die Schuhe wienern.

NICHTS FÜR

FEINSCHMECKER

PLATZ ZWEI IN DER MANCHESTER-GRUPPE

Ein wenig Überheblichkeit ist schon vorhanden vor dem Klassiker der Champions League: Da haben die Bayern doch glatt schon das Final-Quartier gebucht und am Loch Lemond ein paar Zimmer geblockt für den 15. Mai in Glasgow. Ob das den ewigen Rivalen aus Manchester beeindruckt?

Schon wieder Manchester: Kurz vor Schluß überlistet Paulo Sergio im Hinspiel den französischen Welt- und Europameister Fabien Barthez zum verdienten 1:1.

Am Ende dieses ersten Zwischenrundenspiels jubelt keiner. Die Bayern nicht, weil sie daheim nicht gewinnen. Und ManU nicht, weil sie nach der Führung durch Nistelrooy kurz vor Schluss den Ausgleich kassieren (durch Sergio).

PFIFFE – DA FLIEHT EFFE

1:1 im ersten Zwischenrundenspiel, der erhoffte Klassiker entpuppt sich allerdings als müder Taktik-Kick. Nichts zu sehen vom Glanz der Duelle zwischen Bayern und ManU in den vergangenen Jahren, nichts zu spüren von der Dramatik von früher. Die Stimmung ist unten, laut nur wird es nur bei der Auswechslung von Effenberg. Das Publikum pfeift Effe aus – und der gibt erst dann Vollgas: Der Schlußpfiff ist noch nicht ertönt, da befindet sich der schmollende Kapitän bereits auf dem Weg nach Hause: »Ich habe kein Verständnis für die Pfiffe«, ärgert sich Hitzfeld. Und für Effe? Es ist der erste Skandal der Saison. Wie gut, dass die nächste Partie auswärts ansteht. Die Pfiffe wären wohl noch lauter geworden – auch wenn die Bayern 1:0 in Nantes gewinnen. »Das war nichts für Feinschmecker«, sagt Vize-Präsident Karl-Heinz Rummenigge in seiner ersten Bankettrede überhaupt. »Das Team ist mit der Kraft am Ende. Die große spielerische Linie fehlt. Wir können die Gegner nicht mehr niederlaufen. Wir sind alle froh, wenn endlich Weihnachten ist«, erkennt auch Manager Uli Hoeneß. Ein Offenbarungseid? »Eine kalte Lektion des bayerischen Realismus«, so wertet die französische Tageszeitung »Ouest France« den Bayern-Auftritt.

Nach 26 Pflichtspielen inklusive »einer Weltreise nach Tokio« (Rummenigge) sind die Bayern erleichtert, dass das Champions-Jahr erfolgreich abgeschlossen worden ist. »Das wunderbare Champions-League-Jahr war das erfolgreichste in der 101-jährigen Geschichte des FC Bayern. Und die Aussichten, auch das kommenden Achtelfinale zu erreichen, stehen nach dem Sieg in Frankreich sehr gut«, sagt Rummenigge.

ERGEBNIS-KICKS STATT SCHÖNHEITSPREIS

Trotzdem folgt im neuen Jahr zunächst einmal ein weiterer Dämpfer. 20. 2. 2002, der nächste Auftritt der Champions, diesmal in Porto – und bei Bovavista langt es nur zu einer lauen Nullnummer, die Manager Hoeneß auch noch schön redet: »Wir wollten mindestens einen Punkt, den haben wir.« Na bravo. Aber so ist die Stimmung eben derzeit bei den in der Bundesliga hinterher hechelnden Bayern: Sie sind froh um jedes kleine Erfolgserlebnis. »Wir sind derzeit nicht in der Lage, einen Schönheitspreis zu holen«, sagt Hoeneß. »Wir müssen auf Ergebnisse schauen und aus den positiven Ergebnissen Selbstvertrauen tanken.« Nur der Kaiser sieht es wieder mal anders: »Das ist langsam nicht mehr schön anzuschauen«, sagt Franz Beckenbauer. Immerhin wissen sie, dem Präsidenten sei Dank, nun um die Ausgangslage vor dem Rückspiel-Auftakt, daheim wiederum

gegen Boavista: »Mit einem Sieg in München gegen Porto sind wir durch.«

»DAS WAR KEIN FUSSBALL«

Eine Woche später: Das Spiel wird gewonnen – doch sind sie damit wirklich zurück aus der dramatischen Ohnmacht? Über 80 Minuten müssen 32 000 Zuschauer im Olympiastadion daran zweifeln – ehe Santa Cruz den 1:0-Zittersieg über Portugals spielstar-

OPEL
OPEL
OPEL
OPEL
OPEL

»Jetzt wollen wir Platz eins in der Gruppe. Wir haben ja im letzten Jahr gesehen, dass dies sehr hilfreich ist.«
Uli Hoeneß

Nullnummer in Old Trafford: Owen Hargreaves verfolgt Mikael Silvestre. Der spätere Heimsieg gegen Nantes (rechte Seite) reicht trotzdem nur für Platz zwei.

ken Meister sicherstellt. Jetzt steht das Tür zum Viertelfinale weit offen. Na und? Eine Offenbarung ist das wahrlich nicht, eher ein Spiel zum schnellen Vergessen. Frag nach bei Giovane Elber. Der Brasilianer sarkastisch: »Ein Super-Spiel von uns. Wir haben Porto an die Wand gespielt, das war unsere beste Vorstellung in der Champions League bisher!« Pause. Dann grinst Elber und spricht Klartext: »Das war nur Spaß. Ehrlich gesagt, das war kein Fußball von uns!« Zusammenhängen könnte dies wiederum mit Stefan Effenberg, der noch immer nicht in Tritt kommt und über den der allgewaltige Kaiser Franz nörgelt: »Er hat Defizite.« Warum Effe trotzdem fortwährend spiele (und meistens schlecht)? »Da müssen Sie den Trainer fragen.«

»JETZT WOLLEN WIR PLATZ EINS«

Hitzfeld aber schweigt, an seiner Stelle gibt Manager Hoeneß die neue Parole aus: »Jetzt wollen wir Platz eins in der Gruppe. Wir haben ja im letzten Jahr gesehen, dass dies sehr hilfreich ist.« Erstes Endspiel um Gruppenplatz eins: Das erneute Duell gegen ManU, diesmal wieder in Old Trafford. »Noch nie haben wir euch in Old Trafford geschlagen«, so ManU-Coach Alex Fergusson bei der traditionellen Teatime vor dem Spiel mit Ottmar Hitzfeld. »Höchste Zeit, dass sich das ändert.« Bei aller Freundschaft, den Gefallen will der Bayern-Trainer seinem Kollegen nicht tun. Tut er auch nicht – am Ende steht ein 0:0, das Giovane Elber 82 Minuten lang von der Bank aus mit ansehen muss. Auffälligster Akteur vor 67 000 Zuschauern in Old Trafford ist Bayerns Brite Owen Hargreaves, der sich bei Englands Teamchef Eriksson für dem WM- Kader empfehlen will. Die Nullnummer beim Mitfavoriten, sie ist kein großes Spiel, liefert den Bayern aber doch jede Menge neues Selbstvertrauen.

DER TRAUM VOM DOUBLE

»Jetzt ist alles möglich«, sagt Karl-Heinz Rummenigge, und Franz Beckenbauer prophezeite: »Wenn die so weitermachen, mit dieser Einstellung, dieser Motivation, dann werden sich die Erfolge zwangsläufig einstellen.« Kapitän Stefan Effenberg wieder mutig: »Wir sind in einer Form, in der wir ganz schwer zu schlagen sind.«

Effe träumt gar vom großen Coup: »Bundesliga

und Champions League sind unterschiedlich, aber es ist alles drin! Wir wollen alles, was machbar ist.«

APPLAUS FÜRS BRAZZO-COMEBACK

Machbar ist Platz eins in der Gruppe – ein Sieg am letzten Spieltag gegen Nantes und gleichzeitiges Schwächeln von ManU in Porto vorausgesetzt. Den meisten Applaus aber gibt es vor dem Spiel. Da hat er noch nicht mal gegen den Ball getreten. Hasan Salihamidzic (25) wird schon beim Aufwärmen von den Bayern-Fans mit Sprechchören gefeiert. Weil Brazzo zum ersten Mal seit dem 21. November 2001, knapp vier Monate nach seiner Kreuzbandverletzung, wieder im Kader steht. Vorfreude auf den willensstarken Bosnier, die Trainer Ottmar Hitzfeld teilt: »Hasan brennt. Ich hoffe, dass er für den Rest der Saison ein Aktivposten in unserer Mannschaft wird.« Und weil Aktivität fehlt im Spiel der Münchner gegen Nantes, darf Salihamidzic auch ran zur zweiten Halbzeit. Und siehe da. Als er von links flankte, trifft Pizarro doch noch zum 2:1 (87.), die Entscheidung – dank Salihamidzic. Hinterher grinst der Bosnier breit: »Das war natürlich toll für mich. Ich hoffe, es geht jetzt so weiter.«

»MADRID, DAS WÄR'S« - DAS WIRD'S

Zu Platz eins hat es freilich nicht gereicht, weil auch Manchester gewinnt gegen Porto. Trotzdem passt das den Bayern: Platz zwei, Viertelfinale erreicht, Vorfreude auf die Auslosung. Trainer Hitzfeld über sein Wunschlos: »Madrid, das wäre was für uns. Real ist ein Super-Team, das wäre eine große Motivation für unsere Mannschaft.« Der Trainer als Visionär: Tatsächlich ziehen sie bei der Auslosung in Genf die Königlichen aus Spanien. Was für ein Hammer im Viertelfinale.

Tabelle Zwischenrunde-Gruppe A

1.	Manchester United	13:3 Tore	12 Punkte
2.	FC Bayern	5:2	12
3.	Boavista Porto	2:8	5
4.	Nantes	4:11	2

»Man sollte dem FC Bayern Respekt entgegen bringen, sonst muss man dafür bezahlen.«
Bixente Lizarazu

SIEG ÜBER DIE KÖNIGLICHE ARROGANZ

Effe auf Berg- und Talfahrt: Erst verschießt der Bayern-Kapitän (unten) den an Salihamidzic (oben) begangenen Strafstoß – trifft dann aber aus dem Spiel heraus zum 1:1-Ausgleich.

MÜHSAME RÜCKKEHR DER CHAMPIONS IN DER KÖNIGSKLASSE

Es ist eine Fußball-Demonstration, die Real Madrid da lange Zeit zelebriert im Olympiastadion. Die 11. Minute: Geremi täuscht außen an und spaziert dann gemächlich innen am trägen Paulo Sergio vorbei.

»Ein Kindergartentrick«, wie Karl-Heinz Rummenigge später sagt. Und weil auch Effenberg zu spät kommt, kann der Mann aus Kamerun aus 19 Metern seelenruhig abziehen. Auch Kahn patzt, der Schuss rutscht ihm über die Hand ins kurze Eck. 0:1. »Den halte ich im Normalfall mit der Kappe«, ärgerte sich Kahn. Bayern gelähmt, schockiert, entsetzt. Nach einer halben Stunde wird es schon fast peinlich. Wie im Training tricksen die Gäste im Olympiastadion, allen voran Zidane, Roberto Carlos und Solari, die Bayern scheinen im Madrilenischen Bermuda-Dreieck unterzugehen. Zur Halbzeit gequälte Gesichter.

»WIE GEGEN EINE WAND«

»Das ist sehr schwer, wir spielen wie gegen eine Wand«, stöhnt Uli Hoeneß, und Vize Rummenigge beklagt, dass »wir den Spaniern zu viel Platz lassen.« Nach einer Stunde erhört Hitzfeld die »Brazzo«-Sprechchöre, bringt Salihamidzic für Sagnol, dazu Pizarro für Sergio. Und schon kommen sie zu Chancen. Erst köpft Elber nach Flanke von Lizarazu an die Latte (70.), dann hakelt sich Brazzo geschickt in den Beinen von Pavon ein und erzwingt einen Elfer. Effenberg tritt an – und versagt kläglich. Überheblich schiebt er den Ball ins rechte Eck, genau in die Arme von Cesar (72.). Effenberg ist frustriert. Doch er kommt wieder: Erst trifft er die Waden von McManaman (80.), dann trifft er ins Tor (82.). Fünf Weiße

Claudio Pizarro sorgt kurz vor Schluß für die Entscheidung: Bayern dreht das Ding um und geht gegen Real als 2:1-Sieger vom Platz.

eskortieren ihn bei seinem Ausgleichstreffer aus sieben Metern. Und sie drehen weiter auf. Elber legt ab auf Pizarro, der trifft drei Minuten vor Schluss zum Sieg. Welch ein Finale furioso.

Und welch eine Schmach für Real. Bayerns Triumph über die königliche Arroganz. Hokuspokus, Abrakadabra – mit arroganter Schönspielerei wollte im Olympiastadion die Bayern die »Bestia negra«, besiegen. Trainer Vicente Del Bosque springt mehrfach wütend auf, als sein Ensemble in der ersten Halbzeit »Spitze, Hacke, Eins, Zwei, Drei« (Uli Hoeneß) spielt. Allgemeiner Tenor der Sieger zur Überheblichkeit der Gäste: Selbst schuld, Kollegen!

»MAN SOLLTE UNS MEHR RESPEKT ENTGEGEN BRINGEN«

»Man sollte dem FC Bayern Respekt entgegen bringen, sonst muss man dafür bezahlen«, sagt Bixente Lizarazu. Hoeneß: »Die haben unsere Mannschaft natürlich provoziert. Die wollten uns verarschen!« Das Motto in der Kabine, so der Manager: »Von denen lassen wir uns nichts gefallen.« Sogar der sonst so zurück-

FC Bayern: Kahn – Sagnol (63. Salihamidzic), Kuffour, R. Kovac, Lizarazu – Hargreaves, Effenberg, Jeremies (82. N. Kovac), Sergio (63. Pizarro) – Santa Cruz, Elber.
Real Madrid: Cesar – Salgado, Hierro, Pavon, Roberto Carlos – Geremi (82. Conceicao), Makalele, Helguera, Solari (75. McManaman) – Zidane – Raùl
Schiedsrichter: Dallas (Schottland).
Zuschauer: 60 000.
Tore: 0:1 Geremi (11.), 1:1 Effenberg (82.), 2:1 Pizarro (88.)
Gelbe Karten: Sagnol, N. Kovac / Helguera

haltende Ottmar Hitzfeld bemerkt süffisant: »Real hat tolle Einzelspieler, die schönen Fußball spielen können, das ist aber oftmals brotlose Kunst.«

Glaubt man Kahn, dann hält die Wut der Bayern sogar bis zum Rückspiel an. »Sie haben versucht, uns vorzuführen. Das sind Dinge, die nimmt man als Spieler mit, vor allem ins Rückspiel. So etwas motiviert ungemein«, erklärt er.

EFFE UND DIE SCHWERE KINDHEIT

Haben die Spanier nun wieder Respekt, ja Angst gar? Vielleicht vor »La Bestia Effe«, die Real verscheucht hat? Jedenfalls kann sich Stefan Effenberg noch einmal feiern lassen: Wie er zurück gekommen ist ins Spiel, nach einer pomadigen Leistung und einem verschossenen Elfmeter – das gelingt kaum einem anderen. »Er ist es gewohnt, gegen Widerstände anzukämpfen, wahrscheinlich von Kindheit an. Er ist ein wahrer Kapitän, der selbstbewusst auftritt, auch wenn ihm der Wind ums Ohr pfeift«, singt Ottmar Hitzfeld noch einmal ein Loblied auf seinen Kapitän.

DAS ENDE EINER ÄRA

GEBROCHENE NASEN, FEUERZEUGE ALS WURFGESCHOSSE

»Wenn wir so spielen wie in München in der ersten Halbzeit, dann gibt es ein Debakel«, meint Franz Beckenbauer vor Anpfiff. Nun, sie spielen besser als daheim, dennoch wird den Münchnern im regnerischen Madrid gleich mächtig eingeheizt.

Nach fünf Minuten tanzt Solari Jeremies und Lizarazu aus und passt nach innen, doch weil Morientes aus vier Metern über den Ball haut, steht es weiter 0:0. Einen Treffer dagegen gibt es im Gift-Duell zwischen Roberto Carlos und Hasan Salihamidzic, nach einem Check des Brasilianers spielt der Bosnier mit gebrochener Nase weiter. Die Real-Stars tun sich schwer, wenn sie das Spiel machen müssen. 0:0 zur Halbzeit, es wird hektisch. Auf dem Feld wird getreten, Effenberg wird bei einer Ecke von einem Feuerzeug getroffen (64.) – dann trifft Real ins Tor. Roberto Carlos passt in die Mitte, Linke und Kovac kommen zu spät, Helguera stochert den Ball aus drei Metern ins Tor (69.).

DER KAISER FASSUNGSLOS, DER KÖNIG KLATSCHT

Die Strafe für Bayerns Passivität. Der Titelverteidiger spielt wie gelähmt. Die Folge: das 2:0. Raul rammt Linke den Ellbogen ins Gesicht, passt dann auf Guti, der hebt den Ball ins Eck (85.).

Das Aus für die Könige von Europa. Bayern dankt ab. Der Kaiser schaut regungslos auf das Spielfeld, Spaniens Regent klatscht stehend Beifall. Franz Beckenbauer fassungslos, Juan Carlos euphorisch, Oliver Kahn verbittert: »Bayern ist keine Maschine, wo man auf den Knopf drückt und unten die Titel heraus kommen.«

»Das war das Ende einer Ära«, bemerkt der Torwart später. Das Ende einer großen Mannschaft, die drei Meisterschaften in Serie und erstmals auch die Champions League gewonnen hatte. »Diese Mannschaft hatte nicht mehr den unbedingten Willen, der uns im letzten Jahr auszeichnete«, sagt Kahn.

»WIR BRAUCHEN EINE NEUE MANNSCHAFT«

Gemeint ist damit nicht nur das 0:2 in Madrid, sondern vor allem die Aussetzer in der Bundesliga: »Man hat das klaglos hingenommen, ohne sich zu wehren«, ärgert sich Franz Beckenbauer. Und: »Das hat sich doch das ganze Jahr angedeutet, dass wir keinen gescheiten Fußball spielen.« Beckenbauer fordert jetzt Konsequenzen aus der ersten titellosen Saison seit sieben Jahren: »Wir brauchen sofort eine neue Mannschaft!«

Bleibt die Frage, ob Trainer Hitzfeld in der Lage ist, eine neue Ära einzuleiten? Zerknirscht kommt seine Antwort: »Es ist eine große Motivation für mich, den Umbruch auf hohem Niveau zu schaffen.«, sagt er.

Real Madrid: Cesar – Salgado, Hierro, Helguera, Roberto Carlos – Makelele – Figo (89. Geremi), Zidane, Solari – Morientes (80. Guti), Raul.
FC Bayern: Kahn – Kuffour (74. Pizarro), Robert Kovac, Linke, Lizarazu – Hargreaves, Effenberg, Jeremies (84. Fink) – Salihamidzic, Elber, Santa Cruz.
Schiedsrichter: Stefano Braschi (Italien).
Tore: 1:0 Helguera (69.), 2:0 Guti (85.).
Zuschauer: 75 328 (ausverkauft).
Gelbe Karten: Figo, Hierro, Solari / Effenberg, Jeremies.
Rote Karte: Salihamidzic (90./grobes Foulspiel)

»ADIOS, BAYERN«

Spanische Pressestimmen zum Aus der Bayern

AS: »Die 9. Sinfonie: 50 Sturmläufe, 16 Ecken, 2 Tore. Übermächtige Überlegenheit von Real und ein Schlag gegen die Arroganz. Die feige Taktik der Bayern wurde brutal zerstört.«

Marca: »Das habt ihr nun davon! Madrid zerquetschte die Bestie. Adios, Bayern, die ihren eigenen Stolz schlucken mussten.«

Sport: »Bayern übergab das Kommando an Real. So ist bei den Weißen nichts zu holen. Jetzt Barcelona gegen Real. Das Duell des Jahrhunderts.«

El Mundo Deportivo: »Bayern zerbricht. Real schlägt schwache Bayern in einem epischen Spiel. Reals Offensivtaktik ging voll auf. Der deutsche Meister kam in Kriegsstimmung und verlor.«

Real im Vorwärtsgang: Figo und Morientes stoppen Lizarazu (linke Seite) und Guti macht kurz vor Schluß das zweite Tor für die »Königlichen«.

Rustikale Brüder: Robert Kovac (li.) gegen Manchester Ruud van Nistelrooy, Niko Kovac (re.) freut sich.

DIE VIER NEUEN

Robert Kovac

geboren am: 6.4.1974 in Berlin
Sternzeichen: Widder
Vertrag bis: 2005
Größe/Gewicht/Schuhgröße: 1,82/80/8,5
Familienstand: verlobt mit Anica
Schulabschluss: Mittlere Reife
Hobbies: Golf, Computer
Motto: »In der Ruhe liegt die Kraft«

Niko Kovac

geboren am: 15.10.1971 in Berlin
Sternzeichen: Waage
Vertrag bis: 2005
Größe/Gewicht/Schuhgröße: 1,76/75/8,5
Familienstand: verheiratet mit Kristina
Schulabschluss: Abitur
Hobbies: Familie, Golf
Motto: »Ein Tag ohne Lachen ist ein verlorener Tag«

Durchschlagskraft: Pablo Thiam (oben) und Claudio Pizarro verstärkten die Bayern.

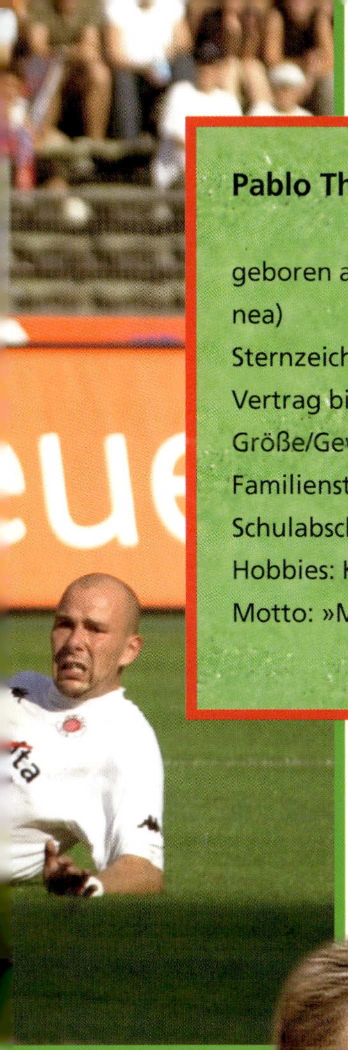

Pablo Thiam

geboren am: 3.1.1974 in Conakry (Guinea)
Sternzeichen: Steinbock
Vertrag bis: 2001/2004
Größe/Gewicht/Schuhgröße: 186/80/9
Familienstand: ledig
Schulabschluss: Abitur
Hobbies: Kino, Musik, Sohn Justin
Motto: »Man sieht sich immer zweimal«

Claudio Pizarro

geboren am: 3.10.1978 in Lima (Peru)
Sternzeichen: Waage
Vertrag bis: 2005
Größe/Gewicht/Schuhgröße: 1,84/85/10,5
Familienstand: verheiratet mit Karla
Schulabschluss: Abitur
Hobbies: Golf, Kino
Motto: »Man muss aus Fehlern lernen«

DIE JUNGEN WILDEN

SANTA CRUZ: KAISERLICHER FÜRSPRECHER

Seinen Durchbruch in diesem Jahr hat Roque Santa Cruz einem äußerst prominenten Fürsprecher zu verdanken. Bayern-Boss Franz Beckenbauer gab Trainer Hitzfeld eine klare Anweisung: »Der Santa Cruz tut mir leid. Diese Fünf- oder Zehn-Minuten-Einsätze bringen ihn nicht weiter. Dabei hat er doch ein Riesentalent. » Santa Cruz hat es geschafft, er hat dafür sogar auf Länderspiele verzichtet, und darf schließlich doch mit Paraguay zur WM. Auf einmal klappt's. Der Ball spurt prächtig, gehorcht auf jeden Tritt. In nichts anderes als ins Tor gehört er schließlich, fünf Mal gelang Santa Cruz das immerhin in dieser Saison und am Ende hatte er Carsten Jancker zum Statisten und auf die Bank verbannt: »Für Roque freut es mich besonders. Denn er wurde zuletzt etwas stiefmütterlich behandelt«, sagt Beckenbauer.

Roque Santa Cruz
geboren am: 16.8.1981 in Asuncion (Paraguay)
Sternzeichen: Löwe
Bei Bayern seit / Vertrag bis: 1999 / 2004
Größe/Gewicht/Schuhgröße: 1,89/83/44,5
Familienstand: ledig
Schulabschluss. Abitur
Hobbies: Musik, Einkaufen, Tennis, Basketball, Computer
Motto: »Bleib am Ball«

VON ELBER LERNEN

Tatsächlich spielte Santa Cruz anfangs wenig. »Ich hatte innerhalb der Mannschaft sehr starke Konkurrenz. Diese zwei Jahre haben mir ausgesprochen gut getan«, sagte er. Für die Zukunft erwartet Roque nochmal eine Steigerung: »Neben einem solchen Super-Stürmer wie Giovane Elber kann ich mich noch entwickeln. Ich habe in meinen ersten beiden Jahren hier noch nicht alles gezeigt, was ich kann.«

Fürwahr: Die Spurtversuche ähneln in ihrer Eleganz denen des jungen Marco van Basten, Weltfußballer 1988, 1989 und 1992. Die Träume von Manager Uli Hoeneß könnten also wahr werden. »Wenn Roque sich so weiterentwickelt, wie wir es von ihm erwarten dürfen, wird er in wenigen Jahren 40 Millionen Mark wert sein«, hatte der Manager verständnislos auf Franz Beckenbauers Bedenken vor zwei Jahren reagiert, als Hoeneß 17 Millionen Mark für den 19-Jährigen aus Paraguay hinblätterte. Es hat sich ausgezahlt.

OWEN FOR ENGLAND

HARGREAVES ZWISCHEN EFFE UND BECKHAM

Der Auftritt in Oly Trafford im März war das Größte für ihn. Englands Nationaltrainer Eriksson sah ihm zu beim Gastspiel bei Manchester. »Ja, die WM ist mein Ziel. Aber die Nominierung liegt nicht in meiner Hand«, sagte Hargreaves, den Papa Colin eifrig mit seiner Digital-Kamera filmte: Owen als Hauptdarsteller beim Interview, beim Autogramme schreiben, neben Beckham. Ein Bild, das sicher einen Platz im Familienalbum bekommen wird. Denn Beckham (27) ist das große Jugend-Idol von Hargreaves: »Ich hatte in meinem Zimmer drei, vier Poster von Beckham an der Wand hängen.« Ob irgendwann mal ein Poster von Hargreaves im Zimmer von Beckham-Sohn Brooklyn (2) hängen wird?

Hargreaves profitierte beim FC Bayern in dieser Saison vom Verletzungspech Stefan Effenbergs, dessen Platz im Mittelfeld er immer wieder einnehmen konnte. Doch der FC Bayern setzt auch in Zukunft auf den gebürtigen Kanadier. »Wir werden in den kommenden Jahren noch viel Freude an Owen haben«, sagt Manager Hoeneß.

»Wir werden in den kommenden Jahren noch viel Freude an Owen haben.«
Uli Hoeneß

Owen Hargreaves
geboren am: 20.1.1981 in Calgary (Kanada)
Sternzeichen: Steinbock
Bei Bayern seit / Vertrag bis: 1997 / 2004
Größe/Gewicht/Schuhgröße: 1,80 m/73kg/43
Familienstand: ledig
Schulabschluss. High School
Hobbies: Musik, Kino, Basketball, Golfen, Lesen
Motto: »Immer dein Bestes geben«

Der Cheffe brachte den Pott heim.
Stefan Effenberg mit der Champions-League-Trophäe.

DAS ENDE DER ÄRA EFFE

Er hat sich dort von München verabschiedet, wo er die großen Erfolge, die drei Meisterschaften, den Pokalsieg und den Champions League-Triumph mit den Bayern gefeiert hat. Nach dem Mannschaftsessen im Käfers im Abschluss an das letzte Saisonspiel gegen Rostock tanzte Stefan Effenberg mit Ehefrau Martina bis früh um halb sechs in Münchens Nobel-Disco Maximilians. Ohne die Kollegen. »Meine letzte große Fete in München«, sagte er.

»DANKE! 2001 IST UNVERGESSEN!«

Im Stadion am Nachmittag war Effenberg (im dunklen Anzug, kariertes Hemd) zuvor mit Blumen von Vorstandschef Rummenigge und Manager Hoeneß verabschiedet worden. Der verletzte Kapitän verfolgte den Saisonabschluss in der ersten Halbzeit aus von der Bank, später in der Kabine vor dem Fernse-

Er besticht durch Gesten: Stefan Effenberg schüchtert seine Gegenspieler ein.

her. Von den Rängen gab´s viel Applaus. »Danke Effe – für alles«, stand auf den Plakaten – und: »2001 ist unvergessen!«

Verziehen hatten die Fans offenbar seinen Verbal-Fehlpass ("Runter mit der Arbeitslosenstütze!"), vergeben hatten ihm auch die Bayern-Bosse. »Es gibt überhaupt keine Ressentiments gegenüber Stefan, er hat Überragendes geleistet für den Verein«, sagte Hoeneß.

»IMMER GIBT ES STUNK«

Halbwegs versöhnlicher Abschied eines für Effenberg enttäuschenden Jahres. Beim Saisonauftakt in Gladbach verletzte er sich, danach setzen die Bayern ohne ihn zu einer grandiosen Siegesserie an, als er im Winter zurückkam, gab es die ersten Niederlagen, Krisen folgten – und verbale Angriffe auf den Cheffe allerorts. Effenberg war von den Medien als Prügelknabe ausgemacht worden. »Es wird um mich immer Stunk geben«, erklärt Effe. »Ich bin ein Typ mit Ecken und Kanten und werde mich mit Sicherheit nicht ändern. Ich will nicht geliebt, sondern respektiert werden.«

»Es wird um mich immer Stunk geben.«
Stefan Effenberg

DER PLAYBOY-SKANDAL

Vom Stinkefinger-Skandal bei der WM 1994 in den USA bis zur Watschen-Affäre in der Münchner Nobel-Disco »Maximilians«, Effenberg 2001, das ist noch immer der polarisierendste »Bad-Boy« der Bundesliga. Ein Charakter, dessen Karriere-Weg gepflastert ist von sportlicher Genialität und endlosen Querelen. Effenberg – ein Typ, der Fans, Vereinsbosse und Fachleute spaltet.

Einig waren sich alle nur bei der Beurteilung des Playboy-Interviews im April. Da beklagte sich Effenberg (geschätztes Jahreseinkommen beim FC Bayern 4,8 Millionen Euro) über zu hohe Steuersätze – und zu hohes Arbeitslosengeld. Die meisten Arbeitslosen wollten gar nicht arbeiten, behauptete der selbst ernannte Sozialexperte. Sein Reformvorschlag: »Die Stütze auf ein Minimum herabsetzen.« Die Arbeitslosen-Affäre nahm ihren Lauf, und Trainer Ottmar Hitzfeld strich ihn für zwei Spiele aus dem Kader. Zuerst im Heimspiel gegen Hertha. »Es gab eine aggressive Stimmung. Zuschauer haben Demonstrationen angekündigt«, erklärte Hitzfeld.

STOIBER MISCHT SICH EIN

Zu groß war der Druck von den Medien geworden, auch Politiker mischten sich ein. Edmund Stoiber zum Beispiel, Bayerns Ministerpräsident, Kanzlerkandidat der CDU/CSU und Aufsichtsrat beim FC Bayern, sprach: »Ich würde dem Trainer empfehlen, die letzten zwei Spiele ohne Effenberg zu spielen. Wenn man sich so wie Effenberg über Arbeitslose auslässt, dann zeigt man, dass man von der Situation vieler Arbeitsloser keine Ahnung hat. Dann schafft man auch Emotionen – gegen sich und damit gegen den Verein.« Hitzfeld parierte, auch nach Wolfsburg, zum letzten Auswärtsspiel, durfte Effe nicht mit. Gegen Rostock, beim Saisonfinale, hätte er dann seinen Abschied auf dem Rasen feiern dürfen, behauptete Hitzfeld. Doch einen Tag vor dem Showdown nahm sich der Kapitän eine neuerliche Verletzung.

Immerhin: Er ging mit Blumen – und Applaus.

Bayern München
25
LINKE

FC BAYERN DEUTSCHLAND

EIN SCHECK FÜR DEISLER

Ein Sport-Scheck mit sieben Nullen machte Schlagzeilen in der Liga. Und verursachte Erklärungs-Notstand beim Absender, dem FC Bayern. Empfänger: Berlins Fußball-Juwel Sebastian Deisler. 20 Millionen Mark, umgerechnet 10225837,62 Euro haben ihm die Münchner schon am 17. Juli 2001 auf ein Konto der Deutschen Bank in Konstanz überwiesen, als Vorleistung auf seinen längst beschlossenen Wechsel von der Spree an die Isar im nächsten Jahr.

Die neuen Gepflogenheiten: Deisler betrachtet das Geld als Darlehen – und freut sich auf das, was er zurückzahlen will. »Ich suche die Konkurrenzsituation. Sie schreckt mich nicht. Ich sehe das als Chance, besser zu werden, mich zu entwickeln. Ich weiß, was ich kann, aber auch, was ich noch lernen muss.«

»HABEN SIE EINEN INVALIDEN GEKAUFT?«

Der Mittelfeld-Star, der aus seiner Heimat Lörrach (dort kommt auch Ottmar Hitzfeld her) über Mönchengladbach nach Berlin kam, ehe er nun zu den Bayern wechselt, gilt als das größte Talent des deutschen Fußballs – und als Liebling der Fans, auch der weiblichen. »Basti Fantasti«, der Teenie-Schwarm. Aber auch: Deisler, der Dauerpatient. »Haben die Bayern einen Invaliden gekauft?«, fragte die Abendzeitung, als sich Deisler im März erneut verletzte und für den Rest der Saison ausfallen sollte.

Dennoch, die Bayern sind sicher, das größte Talent des deutschen Fußballs auf ihrer Seite zu haben. »Deisler hat Fähigkeiten, wie sie sonst niemand hat«, sagt Uli Hoeneß. »Und wir haben den besten Arzt der Welt, Dr. Müller-Wohlfahrt. Er wird Sebastian wieder hinbekommen.«

ABSCHIED MIT PFIFFEN

In Berlin hat Deisler am Ende ohnehin nichts mehr gehalten. Im letzten Heimspiel haben ihn die Offiziellen mit Blumen verabschiedet – die Fans aber hatten nur Pfiffe für ihn übrig. Deisler aber sagt: »Ich freue mich jetzt riesig auf die neue Aufgabe in München – und auf das Zusammenspiel mit Michael Ballack.«

BALLACK, DER WERTVOLLSTE SPIELER

Deisler, das größte Talent. Ballack, der beste Spieler der abgelaufenen Saison. Auch wenn er am Ende »nur« Vize-Meister wird und beim Saisonfinale wie ein Häufchen Elend in der Leverkusener Kabine saß und weinte: Ballack ist »der wertvollste Spieler, den wir seit langem bekommen haben« (Ottmar Hitzfeld). »So einen kannst du nicht ersetzen«, sagt Leverkusens

Zwei für Bayern, zwei für Deutschland: Michael Ballack und Sebastian Deisler, in der nächsten Saison die Bosse im Bayern-Mittelfeld.

Trainer Klaus Toppmöller über den defensiven Mittelfeldspieler, der mit 17 Treffern Bayers erfolgreichster Mittelfeldspieler war. Da freut sich Uli Hoeneß schon auf das Zusammenspiel: »Wir wollen wieder richtig schönen Fußball bieten. Und ich bin mir sicher, dass wir dies mit unseren Neuzugängen Ballack und Deisler erreichen werden. Ballack hat aus seiner Position heraus 17 Tore gemacht. Wahnsinn! Die Kreativ-Abteilung wird in der nächsten Saison ganz anders spielen.«

FERNZIEL WM 2006

Und damit noch lange nicht genug. Bis zur Weltmeisterschaft 2006, das ist das große Ziel von Hoeneß, wollen sie um Kahn, Ballack und Deisler herum in München den FC Bayern Deutschland bauen. »Wenn wir viele gute deutsche Spieler beim FC Bayern haben, wird das auch für die Nationalmannschaft gut sein. Weil wir denen dann das Winner-Gen einimpfen. Es wäre unser größtes Kunstwerk, wenn wir eine erfolgreiche Mannschaft umbauen und zu neuen Erfolgen führen könnten«, sagt Manager Uli Hoeneß.

Die neue Zeit: Auf der Jahreshauptversammlung beschloss der FC Bayern die Umwandlung in eine Aktiengesellschaft.

DIE FC BAYERN AG

RUMMENIGGE WIRD VORSTANDSCHEF, BECKENBAUER AUFSICHTSRAT

Der 14. Februar 2002 war ein historischer Tag in der Geschichte des FC Bayern. Nicht dass sie an diesem Tag einen Titel gewonnen hätten, sehr wohl aber haben sie, in der Olympiahalle, gleich gegenüber vom Stadion, die Weichen für die Zukunft gestellt. Mit überwältigender Mehrheit beschlossen die Mitglieder dort die Umwandlung des Vereins in eine Kapitalgesellschaft, die FC Bayern AG. Einen Gang an die Börse aber schließen die Bayern (vorerst noch) aus.

Vorstandschef der FC Bayern AG wird der bisherige Vize-Präsident Karl-Heinz Rummenigge, außerdem gehören Manager Uli Hoeneß und Geschäftsführer Karl Hopfner dem Vorstand an. Franz Beckenbauer, der Präsident des Vereins, wird Vorsitzender des Aufsichtsrates.

KAISER KANN KALLE ENTLASSEN

»Damit kann der Franz mich entlassen«, sagt Rummenigge scherzend. Und außerdem muss er, der erste hauptamtliche und damit bezahlte Chef des FC Bayern, mit dem Kaiser sein Gehalt aushandeln. Ebenso bemerkenswert: Uli Hoeneß, der sich in seinen über 20 Jahren als Manager bisher stets per Handschlag verpflichtet hatte, muss erstmals einen

Arbeitsvertrag unterschreiben, so sieht es das Aktiengesetz vor.

»FRANZ IST DAS ZUGPFERD, WIR HABEN DAS SAGEN«

Nicht die einzige Neuerung. Beckenbauer, die allgewaltige Lichtgestalt, wird sich aus dem Tagesgeschäft zurückziehen. »Franz ist das Zugpferd, wir haben das Sagen«, haben die neuen Vorständler Rummenigge und Hoeneß erklärt. Aber: »Wir werden auch weiterhin die gute Kameradschaft der letzten Jahre pflegen. Zu einem erfolgreichen FC Bayern gehört auch Franz Beckenbauer. Ihn auszugrenzen, wäre Blödsinn.«

Bayerische Allianz: Bayern-Präsident Franz Beckenbauer, Löwen-Boss Karl-Heinz Wildmoser (oben rechts) und Münchens Oberbürgermeister Christian Ude (unten, 2. v.r.) bei der Präsentation des Stadionmodells.

DER FC SUPERMACHT

TELEKOM, ADIDAS UND AUDI STEIGEN BEI BAYERN EIN

Die Zukunft des FC Bayern sieht rosig aus – genauer: magenta-farben. Ab nächster Saison hat Automobilkonzern Opel als Hauptsponsor ausgedient, dafür drängt der Kommunikations-Riese Telekom (sponsert u. a. auch Rad-Ass Jan Ullrich) sich auf die breite bayrische Brust.

Der Vertrag soll vorerst bis zum WM-Jahr 2006 laufen und bis zu 25 Millionen Euro jährlich in die (ohnehin gut gefüllte) Bayern-Kasse bringen. Dafür müssen die Roten nicht mal in Rosa spielen. Vorstandschef Karl-Heinz Rummenigge: »Der FC Bayern hat eine Corporate Identity, die wird nicht einfach geändert. Wir werden nicht in Magenta spielen.« Heimfarbe bleibt rot, auswärts werden sie als weiße Riesen auftreten – und immer mit dem »T« auf der Brust. »Die Telekom ist ein Wunschpartner«, sagt Rummenigge, »das Beste, was dem FC Bayern passieren konnte.«

SPIELE AUF DEM HANDY

Der Telekom-Coup, ein Meisterstück des Meisters. »Durch die neue Technik wird es uns bald möglich sein, Spiele auf das Handy zu übertragen«, kündigt Rummenigge an.

Der FC Bayern als FC Deutschland: Auch im wirtschaftlichen Bereich setzt man auf das Qualitätssiegel made in Germany. Neben Hauptsponsor Telekom holten die Bayern auch den Versicherungs-Riesen Allianz ins Boot, der als Namensgeber für das neue Stadion auftritt – und dafür 95 Millionen Euro zahlt. Außerdem Sportartikel-Gigant adidas, der einen zehnprozentigen Anteil an der Kapitalgesellschaft FC Bayern für 75 Millionen Euro erworben hat.

Ob es auch Kooperationen zwischen dem Team Telekom um Jan Ullrich und dem deutschen Rekordmeister geben werde? »Ja«, sagt Karl-Heinz Rummenigge grinsend, »Uli Hoeneß fährt bei der Tour de France nach Alpe D'Huez hoch, ich fahr' runter.»

DIE ENTSCHEIDUNGEN

Deutscher Meister: Borussia Dortmund
direkt für die Champions League qualifiziert: Dortmund, Leverkusen
in der Champions-League-Qualifikation: FC Bayern
Uefa-Cup-Teilnehmer: Hertha BSC, Schalke 04, Werder Bremen
Absteiger: Freiburg, Köln, St. Pauli
Aufsteiger: Hannover, Bielefeld, Bochum

DIE BUNDESLIGA-ABSCHLUSSTABELLE

1.	Dortmund	70 Punkte	62:33 Tore
2.	Leverkusen	69	77:38
3.	FC Bayern	68	65:25
4.	Hertha BSC	61	61:38
5.	Schalke	61	52:36
6.	Werder Bremen	56	54:43
7.	Kaiserslautern	56	62:53
8.	Stuttgart	50	47:43
9.	1860 München	50	59:59
10.	Wolfsburg	46	57:49
11.	Hamburg	40	51:57
12.	Gladbach	39	41:53
13.	Cottbus	35	36:60
14.	Rostock	34	35:54
15.	Nürnberg	34	34:57
16.	Freiburg	30	37:46
17.	Köln	29	26:61
18.	St. Pauli	22	37: 70

DIE TORJÄGER

1.	Amoroso (Dortmund)	18
	Martin Max (1860)	18
3.	Michael Ballack (Leverkusen)	17
	Giovane Elber (FC Bayern)	17
5.	Ailton (Bremen)	16
	Miroslav Klose (Lautern)	16
7.	Claudio Pizarro (Bayern)	15

DIE BAYERN-TORJÄGER

1.	Elber	17
2.	Pizarro	15
3.	Scholl	6
4.	Salihamdizic, Santa Cruz	5
6.	Sergio	3

je 2 Treffer: Effenberg, N. Kovac, Fink
je 1 Treffer: Zickler, Lizarazu, Sagnol, Sforza, Jeremies

Servus, macht´s gut und auf Wiedersehen: Oliver Kahn freut sich schon auf die neue Saison.

BAYERNS KURIOSA

Defensivrekord: Mit 25 Gegentreffern in 34 Spielen hat der FC Bayern seinen eigenen Bundesliga-Rekord aus der Saison 1988/89 gebrochen, damals waren es 26 Gegentreffer. Allein in 19 Spielen stand beim FCB hinten die Null - ebenfalls ein neuer Rekord, den Torhüter Oliver Kahn für sich verbuchen kann.

Premiere für Scholl: Seit zehn Jahren ist Mehmet Scholl inzwischen beim FC Bayern, doch eine oder ausgewechselt, nur einmal konnte er über die volle Distanz gehen, ausgerechnet im letzten Saisonspiel gegen Rostock.

Zuschauerboom: Die Bundesliga boomt. In der 39. Spielzeit seit Gründung im Jahr 1963 kamen 10.093.792 Zuschauer in die Stadien der höchsten deutschen Spielklasse und bescherten dieser einen neuen Rekord-Besuch: Erstmals wurde die 10-Millionen-Marke übertroffen. Und auch der FC Bayern kann mit den Zuschauerzahlen mehr als zufrieden sein. Insgesamt kamen 904.000 Fans zu den 17 Heimspielen, das ergibt einen Schnitt von 53.176 pro Spiel. Damit übertraf der Weltpokalsieger den anvisierten Schnitt von 40.000 Zuschauern pro Spiel um 13.000.

Zu Hause ungeschlagen: Und noch eine Best-

Saison wie diese hat der 31-Jährige noch nicht erlebt. Lediglich 18 Bundesliga-Spiele konnte der Mittelfeldspieler bestreiten, immer wieder wurde er von Verletzungen zurückgeworfen. In 17 Partien wurde er ein-

marke: Als einziges Team beendete der Rekordmeister die Saison 2001/02 ohne Heimniederlage. Mit zwölf Siegen und fünf Unentschieden holte Bayern im eigenen Stadion 41 Punkte.

Lektorat, Bildredaktion und Bildlegenden: Pierre Sick, Fritz Lohberg
Projektmanagement: Stiebner, München

Umschlaggestaltung, Layout & DTP-Produktion:
Kommunikation & Design, München

Alle Abbildungen von Sven Simon
Die Deutsche Bibliothek – CIP-Einheitsaufnahme
Ein Titeldatensatz für diese Publikation ist bei
Der Deutschen Bibliothek erhältlich.

Projektmanagement/Herstellung: Stiebner, München
Printed in Germany – Sellier Druck GmbH
ISBN 3-7679-0772-0
www.copress.de

Mir san Mir
gereuth

Bayern
ELBER